Het water-
boek

Piet Duizer

Het water-boek

met tekeningen van

Helen van Vliet

In samenwerking met IVN

Vereniging voor natuur- en milieueducatie

Uitgeverij Ploegsma Amsterdam

Veel IVN afdelingen hebben eigen jeugdgroepen. Daarnaast werkt het
IVN samen met Vogelbescherming Nederland en de Jeugdbond voor
Natuur- en Milieustudie, onder de naam Vrije Vogel Club. Sinds 1996
organiseren zij jaarlijks in het najaar de Nationale Jeugdnatuurweek

ISBN 90 216 1259 3

© Tekst: Piet Duizer mcmxcvii
© Illustraties: Helen van Vliet mcmxcvii
© Copyright van deze uitgave: Uitgeverij Ploegsma bv, Amsterdam 1997
Verspreiding in België: C. de Vries-Brouwers bvba, Antwerpen

Inhoud

Water is heel bijzonder

Water is de gewoonste zaak van de wereld. Elke dag doe je misschien wel twintig keer de kraan open en elke keer stroomt er gewoon water uit. Daar denk je niet eens bij na.

Toch is water eigenlijk heel bijzonder. Vroeger vonden mensen water al speciaal. Water wordt soms heilig genoemd en voor sommige volkeren bezit het toverkracht. Dat heeft het water uit jouw kraan natuurlijk niet. Maar het heeft wel al een lange reis achter de rug, wanneer het bij jou thuis uit de kraan komt.

Het water is onderdeel geweest van de natuurlijke kringloop. Het heeft ooit tot de oer-oceaan behoord, of het is een deel van een ijsberg geweest. Jouw water is misschien wel de Rijn afgezakt. Zalmen hebben erin gezwommen, als het tenminste niet vervuild was door giflozingen.

Het water uit de kraan is gezeefd, gefilterd en gewassen. Na een reis door kilometers lange leidingen is het uiteindelijk bij jou thuis aangekomen. Het meeste van dat water spoel je na gebruik weer weg door de gootsteen. Dan begint voor het water opnieuw een lange reis. Terug naar de natuur, waar jij het even van geleend had.

Over al die reizen van het water, over wat water eigenlijk is en wat mensen ermee doen, daarover gaat dit boek.

De blauwe planeet

Zeventig procent van de oppervlakte van de aarde bestaat uit water. Vanuit de ruimte gezien ziet de aarde er daardoor blauw uit. De aarde moet eigenlijk 'de blauwe planeet' heten.

De aarde ontstond vijf miljard jaar geleden. Waarschijnlijk gebeurde dat door een enorme explosie: 'de oerknal'. Hierdoor kwam een enorme stofwolk vrij in het heelal. Langzaam vormden zich daaruit planeten en sterren. Eén van die planeten was de aarde.

In de loop van miljoenen jaren vormde zich rondom de aarde een ring van gassen: de dampkring. De aarde en de dampkring koelden heel langzaam af. Door die afkoeling ontstond er water in de dampkring. Het water hing in dikke wolken rond de aarde.

Toen de aarde nog verder afkoelde begon 'de oerregen'. Het eerste water viel op de aarde. Door de zeer hoge temperatuur van de aardbodem verdampte dit water direct. De damp steeg op en koelde in de dampkring weer af tot regendruppels. Deze druppels vielen weer als oerregen op de aarde. Daar verdampten ze weer door de hete aarde, de damp steeg weer op, enzovoorts. Op den duur was de aarde zo ver afgekoeld dat niet alle regen die er viel meteen verdampte. Er bleef voor het eerst water op de aarde liggen. De 'oeroceaan' was ontstaan.

Het land scheurde uit elkaar

Na de oerregen bestond de aarde uit twee delen: een grote oceaan met daarin één werelddeel. De naam van dit werelddeel is 'Pangaea'. Pangaea veranderde vrij snel van vorm door aardbevingen en vulkaanuitbarstingen. Hierdoor ontstonden er scheuringen in het aardoppervlak waardoor Pangaea uit elkaar viel. Eerst ontstond er een scheur in het midden. Er waren nu twee delen: één boven de evenaar en één onder de evenaar. Daarna kwamen er nog twee grote scheuren. Hierdoor ontstonden Zuid- en Noord-Amerika, Europa en Afrika. Ook India begon toen los te raken en richting Azië te 'drijven'. Net zo zaten Australië en de zuidpool eerst aan elkaar vast. Door de scheuringen ont-

voorkant

achterkant

toekomst

stond langzaam de wereld zoals we die nu kennen. De werelddelen bewegen nog steeds ten opzichte van elkaar. Amerika komt elk jaar twee centimeter verder van Europa weg te liggen. Het drijft naar Rusland toe. In de verre toekomst kun je misschien door Rusland naar Amerika lopen.

Jij bent oer-oceaan

Als je zomers in zee zwemt dan zwem je in water dat afkomstig is van de oer-oceaan. Toen Pangaea uit elkaar scheurde werd de ruimte die daardoor ontstond, opgevuld door het water van de oer-oceaan. Zo ontstonden nieuwe, kleinere oceanen. Ondertussen kwam er al leven voor in de oceanen. Deze levende wezens bestonden maar uit één enkele cel. Hoe zij precies ontstonden, weet niemand. Waarschijnlijk hebben de gassen in de dampkring en de energie van de zon samen voor dit eerste leven gezorgd.
Heel langzaam ontstonden uit dit eerste leven waterplanten. Die planten maakten zuurstof. Door deze zuurstof konden de eerste dieren in zee ontstaan. In de loop van vele jaren kwamen er steeds ingewikkelder planten en dieren. Uiteindelijk ben jij ook ontstaan uit die eencellige wezens uit de

oer-oceaan. Daarom heeft het vocht dat in de cellen van jouw lichaam zit nu nog steeds dezelfde samenstelling als het water van de oer-oceaan.

Diepe wateren

Er zijn eigenlijk maar drie oceanen: de Grote of Stille Oceaan, de Atlantische Oceaan en de Indische Oceaan. De Stille Oceaan is de grootste. Hij ligt tussen Amerika en Azië. In de Stille Oceaan ligt het diepste punt op aarde. Het heet de 'Marianakloof'. Als je in een bootje boven die kloof zou varen en je zou een geldstuk in het water laten vallen, dan zou dat geldstuk er meer dan een uur over doen om de bodem te bereiken!

Botsing
Misschien ben je wel eens in de Alpen geweest. Dan heb je eigenlijk op de plaats van een enorme botsing gestaan. De Alpen zijn ontstaan toen Afrika tegen Europa botste. Bij zo'n botsing ontstaan hele grote en hoge bergen.

9

Landvloed

De aantrekkingskracht van de maan en de zon trekken ook aan het land. Als de maan passeert dan komt de bodem omhoog, net zoals het water van de zee. Je merkt er niets van, maar de bodem kan bij zo'n 'landvloed' een halve meter omhoogkomen.

Zeeën en meren

Behalve oceanen heb je ook zeeën. Een zee is een stuk van een oceaan dat bijna helemaal omsloten wordt door land. Het water van zeeën en oceanen is zout. De grootste zee ter wereld is de Koraalzee bij Australië. De Koraalzee is bijna zeventig keer zo groot als Nederland en België samen. Zeeën zijn ondieper dan oceanen, want de zeebodem wordt vanaf het land maar heel langzaam dieper. In het ondiepe water langs de kusten leven de meeste vissen. Er komt daar meer zonlicht en daardoor groeit er meer voedsel voor de vissen. Alle vis die wij eten wordt in dit deel van de zeeën gevangen. Als een rivier een laag stuk land vult met water, of wanneer er een stuwdam in een rivier wordt gebouwd, ontstaat er een meer. Een meer is dus altijd omsloten door land. Het grootste meer is de Kaspische Zee die tussen Rusland en Iran ligt. Eigenlijk is 'zee' hierbij dus een verkeerde benaming. Het diepste meer is het Baikalmeer in Rusland. Het is 1600 meter diep en meer dan 300 rivieren voeren er water naartoe. Dit meer bevat een vijfde van al het zoete water op aarde. Een meer bevat doorgaans, in tegenstelling tot zeeën en oceanen, zoet water. Maar sommige meren bevatten zout water, zoals de Dode Zee (ook een verkeerde benaming) die acht keer zouter is dan de Noordzee. Dit meer is zo zout omdat maar heel weinig rivieren er water naartoe brengen en er wel steeds water verdampt. Door het hoge zoutgehalte van de Dode Zee blijf je gewoon drijven.

Eb en vloed

Als je op het strand loopt dan staat het water van de zee soms hoog en soms laag. Hoog water noemen we vloed. Je hebt dan maar een smal strandje. Laag water heet eb. De aantrekkingskracht van de maan en de zon veroorzaken eb en vloed. Omdat de maan het dichtst bij de aarde staat, is haar invloed het grootst. De zon is de tweede trekker aan de aarde. De vloed is het hoogst aan de kant van de aarde die het dichtst bij de maan staat. Aan de andere kant is het tegelijkertijd ook vloed, maar precies in tegengestelde richting, omdat de aantrekkingskracht van de maan daar juist erg klein is. De vloed is het hoogst als de zon en de maan aan dezelfde kant van de aarde staan. Ze versterken dan elkaars aantrekkingskracht. De extra hoge vloed heet springvloed.

Als de maan aan de ene kant en de zon aan de andere van de aarde staat dan werken ze elkaar tegen. Ze trekken allebei de andere kant uit. Je ziet dan dat het water extra laag staat. Doodtij noem je dat.

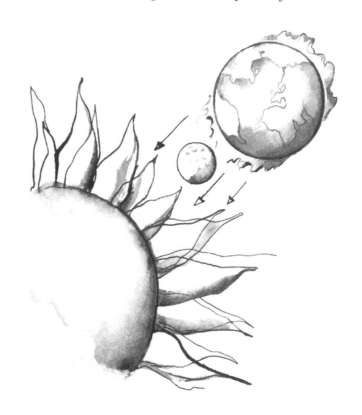

Golvend water staat stil

Als je naar de zee kijkt zie je altijd golven, zelfs als er geen wind is. Dat komt doordat er ergens anders op zee wel wind is. Golven ontstaan doordat de wind ergens op de oceaan tegen het water blaast. Als dat heel lang en heel hard gebeurt dan krijg je hele hoge golven.

Het lijkt alsof het water van de zee met een golf het strand op rolt. Maar dat is niet zo. Het water blijft steeds ongeveer op dezelfde plaats. Het water stijgt met de beweging van een golf en het daalt weer als de beweging voorbij is. Het water beweegt dus op dezelfde plaats naar boven en beneden. Je kunt dit goed zien als je een fles meeneemt als je 's zomers in zee gaat zwemmen. Leg de fles in het water en je ziet dat hij op en neer beweegt en niet met de golven mee het land oprolt. (Je neemt die fles natuurlijk wel weer mee naar huis.)

Als er ergens op de oceaan een beving van de zeebodem of een vulkaanuitbarsting is, kunnen er zelfs enorme golven ontstaan. Die heten met een Japanse naam 'tsunamis'. Op de oceaan zijn tsunamis niet zo hoog. Het is daar te diep. Maar als ze een kust naderen dan groeien ze enorm. In 1971 rolde er een tsunami van wel 85 meter op de Japanse kust. Tsunamis veroorzaken veel schade: ze komen heel plotseling aanzetten en kunnen snelheden van 800 kilometer per uur bereiken.

Op de juiste plaats

Als de aarde maar een heel klein beetje dichter bij de zon zou staan dan zou het op aarde veel warmer zijn. Al het water zou dan verdampen en wij zouden verschroeien. Als de aarde een heel klein beetje verder van de zon af zou staan dan zou het erg koud zijn. Al het water zou bevriezen. Ook dan zouden wij het niet overleven. De aarde staat dus precies goed.

Watergoden

Schoon, natuurlijk water houdt de mens in leven. Maar water veroorzaakt ook overstromingen of, als het er niet is, droogte. Water brengt vreugde en verdriet. Vroeger hadden de mensen daarom veel watergoden. Over water deden de vreemdste verhalen de ronde.

Sommige watergoden waren heel vriendelijk, zoals Eaki. Eaki was de god van het zoete water in het oude Babylonië. De god Eaki was een bron van wijsheid en toverkracht. De helper van de mensen en de brenger van geluk en beschaving.

Maar er waren ook minder vriendelijke goden, zoals de Griekse god Poseidon, de heerser van de zeeën. Het was een woesteling met een grote baard en hij had een reusachtige speer met drie punten. Als er ergens in het oude Griekenland oorlog was dan was Poseidon van de partij. Hij kon de Grieken helpen door het te laten stormen en door vloedgol-

ven op de kust te laten beuken. Met zijn drietand kon hij rotsblokken in tweeën splijten.

Een andere Griekse zeegod was Nereus, een vriendelijke oude zeebonk. Nereus had vijftig dochters die de Nereïden werden genoemd. Het waren lieflijke waterfeeën die zeelieden in nood te hulp kwamen.

Eén van de Nereïden heette Amphitrite. Poseidon wilde met haar trouwen, maar zij wilde niet. Poseidon liet haar door Delphin, een prachtig zeewezen, overhalen toch met hem te trouwen. Delphin kreeg als beloning voor zijn diensten een

12

eigen sterrenbeeld: 'dolfijn'. Maar Amphitrite had beter niet kunnen trouwen met Poseidon. Hij maakte vaak ruzie met haar en bleef maanden achtereen van huis om oorlogen te voeren.

Betoverde waterbliksem

Veel vriendelijker dan Poseidon was de watergodin Apak van het oude India. Apak was de moeder van alle dingen. Ze maakte je beter als je ziek was. Ook zorgde ze ervoor dat je geen nachtmerries kreeg. Water had voor de mensen in India zo veel toverkracht dat het in oorlogen met handenvol naar de vijand werd gegooid. 'Waterbliksem' werd dat genoemd. De vijand was zo bang voor de toverkracht daarvan dat hij meteen op de vlucht sloeg.
In het India van nu geloven nog veel mensen dat water heilig is. Vooral het water van de rivier de Ganges. Hindoes baden of wassen zich daarom veel in die rivier. Ze geloven dat het water hen reinigt van alle kwaad en een beter mens van hen maakt.
Helaas is het water van de Ganges sterk vervuild. Veel mensen worden ziek van een bad in het heilige water van de rivier. Toch willen ze liever niet dat het water gezuiverd wordt, omdat ze bang zijn dat daardoor de heiligheid van het water teniet wordt gedaan.
Ook de Indianen van de Cree-stam in Amerika hadden vrolijke en vriendelijke watergeesten. Die

watergeesten heetten 'Memekwesiwah'. Als je niet in de Memekwesiwah geloofde dan werd je door hen gepest. Maar als je wel in hen geloofde, konden zij ervoor zorgen dat je verliefd werd.
De Kelten die in het oude Engeland woonden, geloofden ook in watergoden. Zij wierpen waardevolle spullen in een heilige waterput. Oude bewoners weten nu nog precies te vertellen welke putten heilig waren. Af en toe vindt men in die putten nog zwaarden, schedels, schilden en allerlei aardewerk.

Heilig water dicht bij huis

Toch hoef je helemaal niet ver van huis om heilig water te vinden. Christenen gebruiken nog altijd water om kinderen of volwassenen te dopen.
Ook het water uit de Franse plaats Lourdes is voor veel gelovigen heilig. Daar verscheen Maria in 1858 aan het meisje Bernadette Soubirous. Op deze plaats ontstond een bron met geneeskrachtig water. Sindsdien is de bron een plaats waar veel zieke mensen naartoe gaan. Ze hopen beter te worden van het geneeskrachtige water van deze bron.

Tanden poetsen met waterbliksem

De hoeveelheid water op aarde blijft altijd gelijk. In de tijd van de oerregen was er evenveel water als nu. Het water kan door de mens steeds weer opnieuw worden gebruikt, doordat de kringloop het water steeds weer terugbrengt naar zee. Misschien heeft het water waarmee jij nu je tanden poetst, in het oude India wel in een waterbliksem gezeten.

Wat is water?

Als je wakker wordt en je je wast en daarna een kop thee neemt met een boterham erbij, dan heb je al een aantal eigenschappen van water meegemaakt. Water is helder, smaakloos en reukloos en het zit bijna overal in. Water is vloeibaar, maar als het bevriest dan wordt het ijs. En wat niet oplost in water, dat blijft drijven of zinkt naar de bodem.

De smaak van water

Water heeft geen smaak, geen kleur en het ruikt ook nergens naar. Eigenlijk is water maar flauw. Toch is dat maar goed ook. Stel je voor dat het water uit de kraan naar pepermunt zou smaken. Dat is misschien wel leuk bij het tandenpoetsen, maar erg vies als je er koffie mee zou zetten. Als er zout in het water zou zitten dan zou dat handig zijn om aardappels, rijst of pasta in te koken. Maar aan een kopje zoute thee moet je natuurlijk niet denken. Goed schoon drinkwater is dus smaakloos water. In de waterfabriek worden alle stoffen uit het water gehaald die er een kleur, reuk of smaak aan zouden geven.

Een winkel vol water

Alleen echte waterliefhebbers proeven het verschil tussen kraanwater uit de ene en kraanwater uit de andere plaats. Maar bij flessen mineraalwater proef je dat verschil juist erg goed. In Amsterdam is een Waterwinkel waar je de proef op de som kunt nemen. Ze verkopen er wel 100 verschillende soorten water. Die komen uit alle delen van de wereld. Er is water uit Duitsland en Frankrijk, maar ook uit China en Japan.
In de winkel komen echte waterfijnproevers om extra lekker drinkwater te kopen. Elk merk heeft zijn eigen smaak. Het water kan heel pittig en zout smaken, maar ook fris en een beetje zurig. Dat verschil komt doordat in elk water andere mineralen opgelost zijn. Mineralen zijn zouten die in de natuur voorkomen. Daarom noemen we water in flessen mineraalwater.

Je hebt een hoofd vol water
Niet alles in je lichaam bevat evenveel water. In je botten zit maar 35 procent en in je spieren zit 77 procent water. In je longen zit 80 procent en in je hersenen zit wel 85 procent water.

Een boterham met water

Jij bestaat voor ongeveer 70 procent uit water. Veel van dat water stroomt in je bloed door de meer dan 100.000 kilometer bloedvaten van je lichaam. Toen je nog niet geboren was en nog in je moeders buik zat, bestond je voor wel 90 procent uit water.
Elke dag verlies je veel water doordat je plast en zweet. Ook verlies je water doordat je ademt. Adem maar eens tegen een koude ruit. Het water dat je kwijtraakt moet steeds worden aangevuld. Dat doe je door te drinken en ook door te eten. Brood bijvoorbeeld bestaat voor eenderde uit water.
Soms wordt dat water uit het voedsel gehaald, omdat gedroogd voedsel lichter is en minder snel bederft. Bij het bereiden van gedroogd voedsel (pakje soep) moet je weer water toevoegen of het in water weken (gedroogde paddestoelen). Kijk maar eens in de voorraadkast wat voor gedroogd eten jullie in huis hebben.

15

De drie gezichten van water

Je kunt water op drie manieren tegenkomen: als ijs, als vloeibaar water en als stoom. Natuurkundigen noemen dit de drie fasen van water. IJs, vloeibaar water en waterdamp bestaan alledrie uit dezelfde kleine deeltjes: watermoleculen. Alleen gedragen die watermoleculen zich in elke fase heel anders. Als watermoleculen koud zijn, blijven ze het liefst lekker rustig op hun plaats. Ze bewegen bijna niet meer. Het water is dan hard geworden, het is ijs. Als het warmer wordt, worden de watermoleculen wakker. Ze gaan bewegen en het ijs smelt. Als het nog warmer wordt dan schieten de watermoleculen heen en weer. Ze laten elkaar dan zelfs los. Uit een pannetje kokend water stijgt daarom waterdamp op.

Drijven, zweven en zinken

Als je een steen in het water gooit dan zinkt die. Gooi je er een stok in dan blijft die drijven. Het lijkt wel of alleen lichte dingen kunnen drijven. Maar dat is niet zo. Een boomstam bijvoorbeeld is veel zwaarder dan jouw steen. Toch blijft zo'n stam drijven. Duizenden jaren lang werden boten daarom van hout gemaakt. Mensen dachten dat ijzeren schepen zouden zinken. In 1843 werd in Engeland het ijzeren schip 'Great Britain' te water gelaten. En het bleef drijven! Dat schip bewees dat het geheim van drijven of zinken niet alleen in het gewicht van een voorwerp zit.
Je weet dat kleine dingen heel zwaar kunnen zijn, terwijl sommige grote dingen juist heel licht zijn. Of een voorwerp zwaar of licht is, hangt niet alleen af van de grootte. Het heeft ook te maken met de 'dichtheid' ervan.
Een bolletje boetseerklei bijvoorbeeld is klein en relatief zwaar. Dat voorwerp heeft een hoge dichtheid. Andere voorwerpen zijn licht maar redelijk groot. Bijvoorbeeld een kurk. Die hebben dan een lage dichtheid.
Je kunt met de proef op bladzijde 19 ontdekken dat dichtheid en vorm belangrijk zijn bij drijven, zweven en zinken. En ook zie je dat dichtheid en vorm van betekenis zijn bij de snelheid waarmee voorwerpen zinken. Een stuiver zinkt langzamer weg in honing of stroop dan een dubbeltje.

16

De oplosproef

Als je suiker in je kopje thee gooit dan lost het op. Dit betekent dat de suikermoleculen zich mengen met de watermoleculen. Tussen de watermoleculen zitten kleine ruimtes. Daar gaan de suikermoleculen in zitten.

Van sommige andere stoffen passen de moleculen niet in de ruimtes tussen de watermoleculen. Zulke stoffen lossen niet op in water. Met de volgende proef kun je onderzoeken welke stoffen oplossen en welke niet.

Om te beginnen heb je nodig:
- vijf glazen koud water
- vijf glazen heet water
- een theelepel
- zout, suiker, bloem, krijt (een verpulverd schoolkrijtje) en poederkoffie

Roer een theelepel van elke stof in een glas koud water en kijk wat er gebeurt. Herhaal dit, maar dan in glazen heet water. Je zult zien dat de stoffen verschillend reageren.

Pak nu de volgende spullen:
- vier glazen koud water
- slaolie, azijn, limonadesiroop en melk
- een theelepel afwasmiddel

Wat moet je doen:

Giet een scheutje van elke stof in een glas water. Sommige stoffen vermengen zich meteen met het water, andere niet of niet helemaal. Roer nu het lepeltje afwasmiddel in het glas met water en slaolie. Roer het goed om. De olie vermengt zich nu wel met het water. Laat alle glazen een paar uur staan en bekijk ze dan opnieuw. Wat zie je nu?

Drijvende bergen

Een van de drie gezichten van water is ijs. IJs is lichter dan water. De dichtheid van ijs is lager dan die van water. Hierdoor drijft ijs op water. Je kunt dat goed zien aan ijsbergen. IJsbergen zijn enorme brokken bevroren zoet water. Ze ontstaan vaak op de noordpool en zuidpool. De sneeuw die daar valt verandert langzaam in ijs. In de loop der jaren 'stroomt' dit ijs naar zee. Dat gaat in heel trage rivieren die 'gletsjers' worden genoemd. Als een gletsjer de zee bereikt, breken er grote brokken ijs af. Die brokken drijven weg over de zee. IJsbergen steken maar voor een tiende deel boven het water uit. De rest zit onder water. Hierdoor zijn ijsbergen gevaarlijk voor schepen. Voor je het weet loop je met je schip op zo'n ijsberg vast. Als een ijsberg te gevaarlijk wordt voor de scheepvaart dan wordt hij opgeblazen. Dat gebeurt met dynamiet of met een bom uit een vliegtuig.

De grootste ijsberg die ooit werd waargenomen was groter dan België! De hoogste ijsberg was bijna 170 meter hoog. IJsbergen kunnen al drijvend wel 25 kilometer per dag reizen. Zo is er ooit een ijsberg van de zuidpool tot bijna voor de kust van Rio de Janeiro terechtgekomen. Die berg had toen bijna 5500 kilometer gereisd. Maar verder kwam hij niet, want in het warmere water was hij snel gesmolten.

IJsbergen in de woestijn

Wetenschappers hebben wel eens onderzocht of ijsbergen met sleepboten naar droge woestijngebieden kunnen worden gebracht. Daar zouden de ijsbergen dan smelten en genoeg drinkwater kunnen leveren voor duizenden mensen. Maar het bleek te ingewikkeld te zijn en ook te duur. Voorlopig moeten de mensen in de woestijn het dus met de bronnen in oases doen.

De vier elementen

De oude Grieken geloofden dat de wereld was opgebouwd uit maar vier stoffen: water, lucht, vuur en aarde. Ze noemden deze stoffen de vier elementen. De moderne chemie kent meer dan honderd elementen. Water is geen element. Water is een stof die is opgebouwd uit twee elementen: waterstof en zuurstof. Deze gassen vormden in de

Glas drinken

Water is een heel goed oplosmiddel. Daarom is er bijna altijd wel iets in het water opgelost. Zelfs van stoffen waarvan je het niet zou verwachten. Als jij een slokje water uit een glas neemt, dan drink je tegelijk een paar glasmoleculen op. Die zijn uit het glas in het water opgelost.

De drijf-, zweef- en zinkproef
Met deze proef ontdek je dat ook vloeistoffen kunnen drijven of zinken.

Wat heb je nodig:
- een kwart glas water
- een kwart glas dunne vloeibare honing
- een kwart glas dikke suikerstroop
- een kwart glas plantaardige olie
- twee even grote bolletjes boetseerklei
- een kurk van een wijnfles
- een lucifer
- een stuiver
- een dubbeltje
- een legoblokje
- een kroonkurk (van een limonade- of bierflesje)

Wat moet je doen:
Giet langzaam de stroop in het glas met water. Wat gebeurt er? Wat kun je zeggen van het gewicht van de stroop? Giet nu de honing in het glas met de stroop en het water. Giet ten slotte de olie erbij. Wat gebeurt er?
Doe nu een van de bolletjes boetseerklei in het glas met de vloeistoffen. Wat zie je?
Maak van het andere bolletje boetseerklei een dun plat schaaltje. Leg dit schaaltje voorzichtig op de olie. Wat gebeurt er?
Leg nu om de beurt de kurk, de lucifer, de stuiver, het dubbeltje, het legoblokje en de kroonkurk in het glas. Sommige van deze voorwerpen blijven drijven, andere zinken meteen.

oertijd in de dampkring samen water. In de chemie heet water H_2O, dit betekent dat één watermolecuul is opgebouwd uit twee waterstofatomen en één zuurstofatoom. Met de proef op bladzijde 20 ga je met behulp van elektrische stroom limonade ontleden. Je bewijst zo dat het vloeibare water in de limonade is opgebouwd uit twee gassen: waterstof en zuurstof.

Ontleed limonade

Wat heb je nodig:

- een stukje koperdraad van ongeveer 10 cm, zonder isolatie
- isolatietape
- twee platte batterijen
- twee stukjes koperdraad van ieder ongeveer 12 cm
- een glazen schaal
- water met een beetje limonadesiroop
- twee reageerbuisjes of onbreekbare smalle dikke glazen

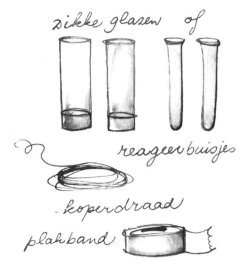

Wat moet je doen:

Verbind met een stukje koperdraad van 10 cm de positieve elektrode (+) van de ene batterij met de negatieve elektrode (-) van de andere batterij. Wikkel er een strakke band isolatietape omheen zodat het goed vastzit. Je hebt nu de twee batterijen met elkaar geschakeld.

Sluit nu elk van de koperdraadjes van ongeveer 12 cm aan op de twee vrijgebleven andere elektroden van de batterijen. Giet de limonade in de schaal.

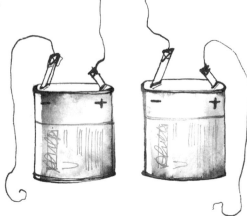

Leg de glazen in de schaal zodat ze vollopen met limonade. Keer de glazen voorzichtig, onder de oppervlakte, ondersteboven. Zorg ervoor dat er geen lucht in de glazen komt.

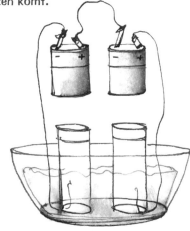

Plaats de twee uiteinden van de koperdraadjes van 12 cm nu elk onder in het glas.

Je ziet na een poosje in elk glas belletjes op het koperdraad ontstaan. De limonade wordt door de stroom gesplitst in waterstof en zuurstof. Het glas met de meeste belletjes bevat waterstof, het andere zuurstof.

De waterkringloop gaat altijd door

Alle regen, sneeuw en hagel die uit de lucht komt vallen, is afkomstig uit de oceanen. En uiteindelijk komt al dat water ook weer in die oceanen terug. Die cirkel heet de waterkringloop. De zon is de motor van die waterkringloop.

Door de warmte van de zon verdampt er water uit de oceanen. Die waterdamp stijgt op en vormt in de lucht wolken. Als de waterdamp daar afkoelt, krijg je waterdruppels. Die druppels vallen als regen uit de wolken op de aarde.

Het grootste deel van die regen valt direct weer terug in de oceanen. Een klein deel valt als sneeuw op de noord- of zuidpool. Daar blijft het dan eeuwenlang liggen. Op de ijskappen van de polen ligt de grootste hoeveelheid zoet water op aarde opgeslagen.

Ongeveer een derde deel van alle regen valt op het land. Een deel daarvan komt direct weer terug in de lucht. Het verdampt van het oppervlak waarop het valt, van de aarde, de straat of de bladeren. Een grote boom verdampt via zijn bladeren wel meer dan 200 liter water per dag. Uiteindelijk zal deze damp weer ergens als regen naar beneden vallen. Als een regendruppel op het land valt en niet direct weer verdampt dan begint hij aan een lange reis. Via sloten, beekjes en rivieren wordt de druppel weer naar zee en vervolgens naar de oceaan vervoerd. Een druppel kan ook direct in de bodem zakken. In de bodem verplaatst hij zich dan heel langzaam naar een sloot, een beekje of een rivier. Maar ook deze druppel bereikt uiteindelijk weer de oceaan. Zo is de kringloop weer rond.

Pompen om niet te verzuipen

In Nederland is de reis van een regendruppel nog wat ingewikkelder dan in de meeste andere landen. Dat komt doordat een deel van Nederland lager ligt dan de zee. Zonder gemalen en dijken zou dit lage land, een groot deel van Nederland, zee zijn. Nederland heeft heel veel sloten die het overtollige water afvoeren. Als je de sloten allemaal achterelkaar zou leggen, zou je een sloot van 350.000 kilometer lang krijgen. Met zo'n sloot kun je acht keer de wereld rond. Er is dus een grote kans dat regendruppels in Nederland in een sloot vallen. Via de sloot komen de druppels bij een watergemaal. Watergemalen houden het water op peil. Als het water in de sloten te hoog staat, dan pompt het gemaal het water uit de sloot in een grote vaart. In de vaart komt het uiteindelijk terecht bij een hoofdgemaal. Zo'n hoofdgemaal pompt het teveel aan water uit de vaart in een grote rivier. De rivier brengt het water (dus de regendruppels) naar zee. De dijken langs de rivier zorgen ervoor dat het water niet weer het land instroomt. Net zo zorgen de duinen en de zeedijken ervoor dat het zeewater niet het land binnenstroomt.

Polders

Polders zijn echt Nederlands. Je vindt ze bijna nergens anders. Polders hebben een lange ontstaansgeschiedenis. In de tijd van de Romeinen was West-Nederland één grote modderige strandvlakte. Met eb lag de vlakte droog en met vloed liep hij weer helemaal onder water.
In de loop van vele jaren ontstonden de duinen. Die duinen lagen in de buurt van waar de duinen nu nog liggen.

Ze beschermden het land erachter tegen de zee. Hierdoor konden er achter de duinen meer planten groeien. Die planten gingen dood en bleven liggen. Op de dode planten groeiden weer nieuwe planten, enzovoorts. Op die manier ontstond in ongeveer duizend jaar een dik pak veen.
Al in de vroege Middeleeuwen werd dit veen afgegraven, omdat het een prima brandstof was. Door het afgraven van het veen, kwam het land dieper te liggen. Aan het eind van de twaalfde eeuw werden grote delen van het verlaagde land door de zee

Water uit oceanen, zeeën, rivieren en meren, maar ook uit de bodem en van planten verdampt. Deze damp stijgt op en vormt wolken. Als het daarna als regen terugkeert naar de aarde kan het:
- direct in de oceaan terugvallen
- in sloten, beken en rivieren vallen en direct naar de oceaan terugstromen

- op de aardbodem vallen en in de grond wegzakken
- op de aardbodem vallen en direct weer verdampen
- door planten en dieren worden opgenomen en verdampen
- op straat vallen en via het riool in een rivier terecht komen.

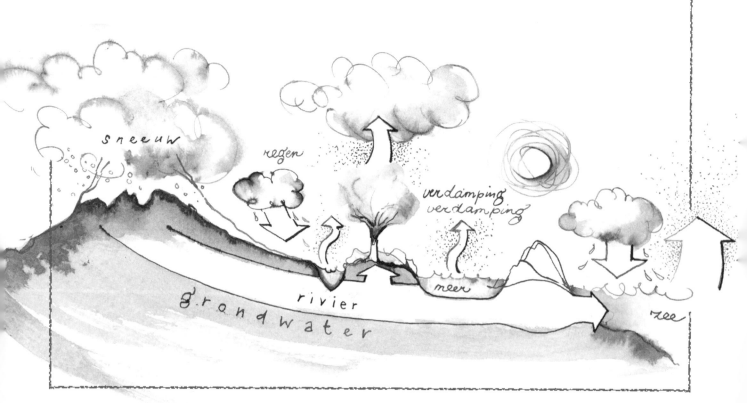

overstroomd. Zo ontstond bijvoorbeeld het IJsselmeer.

Het verlies van land was een ramp. Grote stukken vruchtbaar land verdwenen onder de golven en bij storm werden zelfs hele steden door het zeewater bedreigd. Er moest wat gebeuren. Rondom stukken laagland werden dijken aangebracht en met behulp van molens werden vanaf de vijftiende eeuw grote stukken land drooggepompt. Het water werd door tientallen molens in een vaart gepompt. Die vaart vervoerde het water naar een van de rivieren. De molens moesten, ook nadat het land droog was, blijven draaien, anders zou het gebied binnen de kortste keren weer onder water lopen.

Als je nu over een polderdijk fietst, is de kans klein dat je zo'n poldermolen tegenkomt. De meeste poldermolens zijn vervangen door moderne gemalen. Maar ook deze gemalen moeten steeds blijven pompen, anders zou jij niet door de polder kunnen fietsen. In Kinderdijk en Leidschendam staan nog verschillende oude poldermolens.

De grootste polders liggen in het IJsselmeer. De laatste zijn nog niet zo lang geleden drooggemalen. Eigenlijk was het de bedoeling om het hele IJsselmeer droog te pompen. Maar toen er vier grote polders waren gemaakt, vonden de meeste mensen het wel leuk geweest. Ze wilden dat er nog iets over zou blijven van het IJsselmeer. De vijfde polder, de Markerwaard, werd daarom niet meer droog gepompt.

Wonen onder water

Als al het water in een gelijkmatige laag over de wereld zou worden verdeeld, woonde iedereen maar liefst 2,7 kilometer onder water! In totaal is er ongeveer 1400 miljoen kubieke kilometer water op aarde.

Dat is 1.400.000.000.000.000.000.000 liter.

Zoete stromen

Rivieren beginnen bij een bron. Dat kan een meer zijn, een gebied met veel regen of een plek met veel smeltende sneeuw. De regen of het smeltwater stroomt via vele, kleine waterstroompjes naar een punt waar een rivier ontstaat: de bron. Een rivier stroomt van een hoogland naar een laagland en mondt uit in zee. De meeste grote havens liggen bij riviermondingen. Kleine schepen kunnen dan de goederen uit grote zeeschepen via de rivier naar het binnenland vervoeren.

Een grote riviermonding noemen we een 'delta'. Delta komt van de Griekse hoofdletter D. Die letter wordt geschreven als een driehoek. De meeste riviermondingen zijn ook driehoekig. De rivier verdeelt zich namelijk in het vlakke land in verschillende zijrivieren, ook wel rivierarmen genoemd. De grootste delta ter wereld wordt gevormd door de rivier de Ganges in India. De Ganges komt vlak voor de zee samen met de rivier Brahmaputra. Samen vormen ze een delta die groter is dan België en Nederland samen.

De Nijl in Noordoost-Afrika is de langste rivier ter wereld. Hij is bijna 6700 kilometer lang. De Amazone, in Zuid-Amerika, is bijna net zo lang: 6570 kilometer. Op de derde plaats komt de Chinese rivier de Yangtze Kiang. Die is 6300 kilometer lang. De Rijn is ruim 1300 kilometer lang en de Maas bijna 1000 kilometer. Dat zijn maar kleintjes.

De Rijn en de Maas brengen veel zoet water ons land binnen. De Rijn voert per seconde meer dan twee miljoen liter water naar Nederland. Het grootste deel hiervan is gesmolten sneeuw en ijs uit de Alpen. De Maas is een echte regenrivier. Wanneer het in de Ardennen in België of in de Eifel in Duitsland flink regent, kan het water in de Maas gevaarlijk hoog komen te staan.

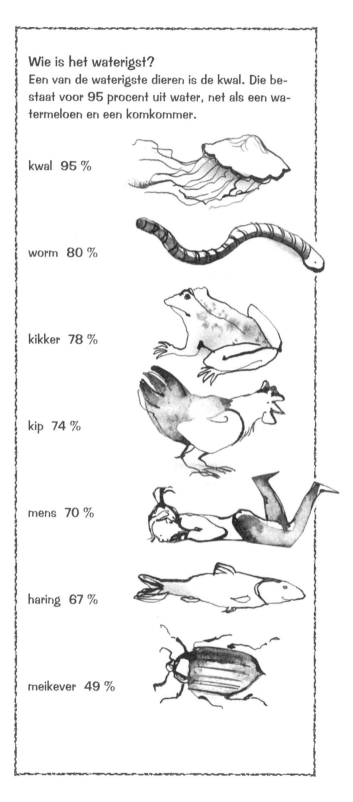

Wie is het waterigst?
Een van de waterigste dieren is de kwal. Die bestaat voor 95 procent uit water, net als een watermeloen en een komkommer.

kwal 95 %

worm 80 %

kikker 78 %

kip 74 %

mens 70 %

haring 67 %

meikever 49 %

Rivier tussen de dijken

Vroeger stroomden de rivieren vrij door het land. Als het een keertje flink regende dan stonden er direct hele stukken land onder water. In de buurt van dorpen en steden legde men daarom langs de grote rivieren kleine, lage dijkjes aan. Toen dat niet afdoende bleek te zijn tegen de overstromingen, werden de dijken steeds hoger gemaakt. Bovendien werden de bochten uit de rivier gehaald en strekdammen in de rivier aangelegd, die de snelheid van het stromende water temperden. Deze maatregelen moesten ervoor zorgen dat er geen grote overstromingen meer plaatsvonden. Dat lukte echter niet en daarom begon men in de vorige eeuw 'winterdijken' te bouwen. Winterdijken zijn grote, hoge dijken die achter de lage, oude dijken liggen. Die oude dijken heten sindsdien zomerdijken. Het gebied tussen de zomerdijken en de winterdijken heet de uiterwaard.

Normaal stroomt de rivier door het gebied dat tussen de zomerdijken in ligt. Alleen tijdens hoge waterstand in de rivier overstromen de uiterwaarden. In de uiterwaarden staan soms woonhuizen of er zijn campings. De mensen die daar wonen krijgen soms een paar keer per jaar natte voeten.

De benamingen 'winterdijk' en 'zomerdijk' zijn te verklaren als je weet dat 's winters het water in de rivier meestal hoger staat dan 's zomers. Die hoge waterstand komt door de regens in de herfst, doordat er in de winter veel minder water verdampt en omdat in het voorjaar in de Alpen de sneeuw en het ijs beginnen te smelten. Als er ook nog eens veel regen valt, staat het water dan gauw tot aan het randje van de winterdijk. Dat hoge water komt als een soort langzame golf. De waterstand stijgt, is even op zijn hoogst en zakt dan weer. Tussen het stijgen en het weer zakken van het water kunnen wel een paar weken zitten.

Teveel dijken?

Er zijn nu veel dijken in Nederland. Vaak is dat ten koste gegaan van de natuur langs de rivier. Daarom worden nu op sommige plaatsen de zomerdijken een stukje afgegraven. Dit gebeurt natuurlijk alleen in gebieden waar dat kan zonder de mensen en dieren die achter de winterdijk wonen in gevaar te brengen. De rivier krijgt zo meer ruimte, waardoor de kans op overstromingen een stuk kleiner wordt. En het land naast de rivier wordt weer net zo moerassig als vroeger.

winterdijk   zomerdijk   zomerdijk   winterdijk

uiterwaard

Water halen

Ons drinkwater wordt tijdelijk uit de natuurlijke kringloop gehaald. Het wordt gezuiverd en daarna door ons gebruikt. Hierna wordt het weer schoongemaakt en aan de natuurlijke kringloop teruggegeven. Eigenlijk heb je het water even geleend. Bijna al het water dat jij gebruikt, is binnen 24 uur weer terug in de natuur.

Waterleidingen zo oud als de weg naar Rome

Al eeuwenlang haalt de mens water uit de natuurlijke kringloop. Vroeger gebruikte men in ons land water uit een bron. Als het een grote bron was, werd er een waterput omheen gebouwd. Op de grens van Limburg en Duitsland is een houten waterput van 7300 jaar oud opgegraven. Die waterput is helemaal gemaakt van eikenhouten planken. In die tijd had men alleen maar stenen bijlen om het hout te bewerken. De put is het oudste houten bouwwerk ter wereld.

Toen er meer mensen kwamen wonen, werden de meeste bronnen te klein. Er moest extra water komen. Vaak werd daarvoor water uit een rivier of regenwater uit de bergen gebruikt. Zo ontstonden de eerste waterleidingen. De bewoners van Mesopotamië (dat nu Irak is) hadden 5000 jaar geleden al een waterleiding. Zij haalden water uit de rivieren de Eufraat en de Tigris. Met een ingewikkeld netwerk van kanalen en leidingen lieten ze het naar hun steden komen.

Ook aan de rivier de Indus (in het gebied waar nu Pakistan ligt) hadden de bewoners al meer dan 4000 jaar geleden een uitgebreid netwerk van waterleidingen gebouwd. Ze hadden er zelfs openbare zwembaden bij.

Ook de oude Grieken vonden schoon water heel belangrijk. Ze hadden waterleidingen, en grote voorraden regenwater voor in droge tijden.

De Romeinen bouwden door heel Europa uitgebreide waterwerken. Ze haalden het water bij voorkeur uit een bron. Daarna vervoerden ze het water over grote afstanden. Voor de aanvoer van het verse water werden soms enorme bruggen gebouwd. Met zo'n 'aquaduct' werd het water bijvoorbeeld over een dal heen geleid.

De stad Rome moest al zijn schone water van buiten de stad aanvoeren via aquaducten. Dat kwam doordat er in de Romeinse tijd al duizenden mensen woonden. Bovendien was de rivier de Tiber, die door Rome stroomt, te vies geworden om er water uit te halen. De Romeinen gooiden er al hun afval en uitwerpselen in.

Een van de aquaducten naar Rome voerde ondrinkbaar water aan. Dat water werd gebruikt om de straten schoon te spoelen. Het werd soms ook gebruikt om het toneel van een theater onder water te laten lopen. Bijvoorbeeld als er een zeeslag nagespeeld moest worden.

Duinwater houdt je gezond

In de Middeleeuwen was er alleen schoon water te vinden in een paar kloosters, kerken en paleizen. De gewone mensen moesten zich behelpen met het water uit meren en rivieren. Het werd via een waterleiding van uitgeholde boomstammen naar de stad vervoerd. Maar omdat het water erg vuil was en vies smaakte, werd er vooral veel bier gedronken. Ook kinderen dronken bier.

De mensen zullen trouwens ook wel gestonken hebben. Ze gingen alleen in bad als er iets heel bijzonders te vieren viel.

In de middeleeuwen stierven honderdduizenden mensen aan allerlei besmettelijke ziekten, zoals tyfus en de pest. Dat dit onder andere door het vieze water kwam dat de mensen gebruikten, wisten ze niet. Het heeft een hele tijd geduurd voordat ze dat begrepen.

Toen mensen merkten dat vies water je ziek kon maken, gingen ze op zoek naar schoon water. Dit schone water vonden ze onder andere in de duinen. De duinen maken namelijk als een soort filter het regenwater schoon. Onder de duinen zit dus schoon water. Amsterdam kreeg in de achttiende eeuw als eerste stad water uit de duinen. Nog steeds haalt het waterleidingbedrijf van Amsterdam water uit de duinen.

Veel mensen op het platteland moesten tot aan het begin van deze eeuw water uit de sloot, put of regenton halen. Het aanleggen van waterleidingen was erg duur. De grote, dichtbevolkte steden kregen het eerst waterleidingen. Pas daarna was de rest van het land aan de beurt.

De helderheidsproef

Met de helderheidsproef kun je meten of water gezond is. Je kijkt dan hoe helder het water is. Als het water goed helder is, dan is het gezond. Dat betekent niet dat je het zo kunt drinken! Als het erg troebel is, dan is het meestal vervuild.

Wat heb je nodig:
- een pot met een wit deksel, bijvoorbeeld een jampot
- een watervaste zwarte stift of verf
- een lange stok
- drie meter touw
- een meetlat
- nat zand

Wat moet je doen:
Prik een gat in het midden van het deksel. Deel het deksel in vieren met de stift of de verf. Kleur twee van de 'taartpuntjes' zwart; die moeten wel tegenover elkaar liggen. Steek het touw door het gat en leg er een dikke knoop in zodat het deksel er goed aan vast blijft zitten. Meet het touw met de meetlat en leg er om de 10 cm een knoop in. Bind het andere eind van het touw aan de stok. Vul de pot met nat zand of ander zwaar materiaal. Schroef het deksel op de pot. En klaar is je 'helderheidsmeter'! Ga naar de sloot die je wilt meten. Laat je helderheidsmeter in het water zakken. Tel het aantal knopen dat onder water verdwijnt, totdat je de helderheidsmeter net niet meer ziet. Je ziet dan het verschil tussen het wit en het zwart van het deksel niet meer. Probeer het ook eens in een andere sloot.

Als je het deksel na één meter nog ziet, dan is het water helder en gezond. Als het deksel in de eerste vijftig centimeter al weg is, dan is het een erg ongezonde sloot. Verdwijnt het deksel ergens tussen de vijftig centimeter en de meter dan is de sloot redelijk helder. Maar het kan beter.

Zout en zoet

Water is er in overvloed op de blauwe planeet. Maar slechts drie procent van al het water is zoet. En van die drie procent zit bijna tweederde vast als ijs op de noord- en zuidpool. En van die één procent vloeibaar zoet water die overblijft, zit de helft diep onder de grond. Dus maar een half procent van al het water ter wereld is makkelijk bruikbaar voor de mens!

Zout water is zoet water waarin bepaalde stoffen zijn opgelost. Die opgeloste stoffen noemen we mineralen. Ze zitten in de bodem van rivieren, lossen op in het rivierwater en spoelen de oceaan in. Ook in de oceaanbodems zitten die mineralen. Een liter zeewater bevat gemiddeld 35 gram mineralen. Het grootste deel van die 35 gram is keukenzout, de andere mineralen zijn onder andere zwavel, magnesium en kalk.

Als je zout water drinkt, word je ziek omdat ons lichaam niet tegen teveel zout kan. In sommige woestijngebieden is het zoute water van de zee het enige water dat in de buurt is. Van zeewater kan zoet water worden gemaakt door het te ontzouten. Dat gebeurt door het zoute water te koken. De damp die daarbij vrijkomt, wordt afgekoeld en condenseert weer tot waterdruppels. In dat water zitten zelfs minder mineralen dan in ons kraanwater. Een nadeel is dat het koken van zeewater heel veel energie kost.

Oppervlaktewater en grondwater

Al het water dat via stroompjes, beekjes, meren en rivieren naar zee reist, heet oppervlaktewater. Het is namelijk water dat op het oppervlak van de aarde ligt. Van het oppervlaktewater uit de rivieren wordt een deel van ons drinkwater gemaakt. Vooral de Rijn en de Maas leveren veel drinkwater. Maar voordat het gedronken kan worden, moet het worden gezuiverd. Het is te vervuild om het zo te drinken.

Veel regen sijpelt door de bodem en wordt grondwater, dat heel langzaam door de bodem stroomt van hoger gelegen grond naar lager gelegen grond. Uiteindelijk komt het in beken en sloten weer naar boven. Kwellen heet dat. Grondwater kan heel oud zijn. Onder je voeten zit water van wel 20.000 jaar oud!

Grondwater is goed drinkwater. De bodem werkt als een groot filter. Alle vuildeeltjes die in het water zaten, blijven in de bodem achter. Bovendien wordt het water in de grond gezuiverd door bacteriën die in de bodem leven. Diep onder de grond blijft het water ook lekker koel, waardoor het goed blijft. Doordat het water in de bodem zit, is het ook veilig voor luchtverontreiniging.

Toch is het alsmaar oppompen van grondwater niet een oplossing om aan genoeg drinkwater te komen. Door het pompen daalt het grondwaterpeil op veel plaatsen. De bodem wordt dan droog en planten krijgen geen water meer. Als het grondwater te veel daalt, sterft de natuur.

Andere gevaren voor het grondwater zijn zure regen, overbemesting, het gebruik van bestrijdingsmiddelen in de land- en tuinbouw en de lozingen van fabrieken. Op sommige plaatsen is het grondwater daardoor al tot vijftig meter diepte vervuild.

Grondwater uit de duinen

Als je door de duinen wandelt, lijken de duinen massieve zandbergen. Maar tussen de zandkorrels van het duin zit veel ruimte. Die ruimte is in de loop der eeuwen opgevuld met grote hoeveelheden regenwater. Ongeveer 5000 jaar geleden leek de Noordzeekust heel veel op het Waddengebied van vandaag. De regen die op de zandbanken van het gebied viel, was het begin van de watervoorraad onder de duinen.

Zo'n 2000 jaar geleden ontstonden de duinen. Doordat er in de duinen veel regen viel, was het een nat gebied. Zelfs nu zit het duinwater nog 70 meter diep.

Rond 1800 waren de duinen heel nat. De zoetwatervoorraad kwam toen wel tot 120 meter diep. Rond 1900 is men begonnen om die watervoorraad op te pompen en als drinkwater te gebruiken. Maar er werd daarna zo veel grondwater uit de duinen gepompt dat die heel erg droog werden.

Tussen 1960 en 1970 waren de duinen zo droog geworden dat de waterleidingbedrijven besloten water naar de duinen toe te brengen. Dat lijkt omslachtig, maar de duinen zijn een heel goed filter. Rivierwater uit de Rijn wordt naar de duinen geleid. Daar wordt het water door het zand gefilterd.

De waterschuit

Vroeger haalde Amsterdam drinkwater uit de rivier de Vecht. Dit water werd met een 'waterschuit' naar de stad gebracht. De waterschipper mocht zijn water pas verkopen nadat hij er zelf een slokje van had gedronken. Zo zou hij er wel extra goed voor zorgen dat hij schoon water meenam in zijn schuit. Het Vechtwater werd verkocht voor één cent per emmer.

Daarna wordt het weer opgepompt en naar de huizen geleid.

Dankzij het Rijnwater hoeft er niet meer zo veel van het oude duingrondwater te worden opgepompt. De natuur kan zich daardoor herstellen van de verdroging.

In de toekomst wordt het duingrondwater waarschijnlijk alleen nog bij rampen gebruikt. Drinkwater zal dan rechtstreeks uit rivieren komen of van het Rijnwater uit de duinen. Maar wanneer er ergens een ramp gebeurt en het oppervlaktewater wordt verontreinigd dan is in zo'n geval het grondwater onder de duinen een mooie reservevoorraad.

Water moet je wassen

Grondwater en rivierwater zijn vaak erg vervuild. Mest van koeien en varkens, bestrijdingsmiddelen, zure regen en luchtvervuiling komen nog te veel in het water terecht. Om er drinkwater van te maken, moet het water daarom eerst worden gewassen.

Een groot gevaar voor het water in ons land is dat er te veel mest in terechtkomt. In Nederland wonen 10 miljoen koeien, 14 miljoen varkens en 90 miljoen kippen. Elke dag poepen die een enorme hoeveelheid mest uit. Boeren verspreiden die mest op hun weilanden en akkers. Het gras en de gewassen gaan daarvan beter groeien. Maar vaak komt er te veel mest op het land. Wat er overblijft, wordt door de regen in de sloten of in het grondwater gespoeld.

In mest zitten 'fosfaten' en 'nitraten'. Planten groeien van die stoffen. Waterplanten en algen ook. Als er veel fosfaten en nitraten in de sloot terechtkomen, groeien de waterplanten en algen dus heel hard. Soms zo hard dat de hele sloot dichtgroeit. Er komt kroos op het water en ook het water zelf verandert in een groene soep. Daardoor verdwijnt alle zuurstof uit het water. Vissen kunnen er dan niet meer in leven. De sloot gaat gewoon dood.

Zure regen

Als je langs een stenen standbeeld komt, moet je eens goed naar de steen kijken. Misschien zie je dat het beeld zijn vorm een beetje begint kwijt te raken. De randjes zijn niet zo scherp meer. Het lijkt wel of het beeld een beetje begint op te lossen. Je hebt dan één van de gevolgen van zure regen ontdekt.

Zure regen ontstaat doordat luchtvervuiling in de regen oplost en naar beneden valt. De vieze stoffen die het standbeeld aantasten, kunnen wel van heel ver zijn gekomen. De wind vervoert die stoffen soms wel duizenden kilometers ver. Maar ze hoeven natuurlijk niet van zo ver te komen. Ook bij jou in de buurt wordt zure regen gemaakt. Door de auto's in de straat of door de rook uit de schoorstenen van fabrieken.

Zure regen is iets van de laatste tijd. Dat komt doordat er steeds meer auto's en fabrieken zijn gekomen. Vijftien tot twintig jaar geleden zag men

31

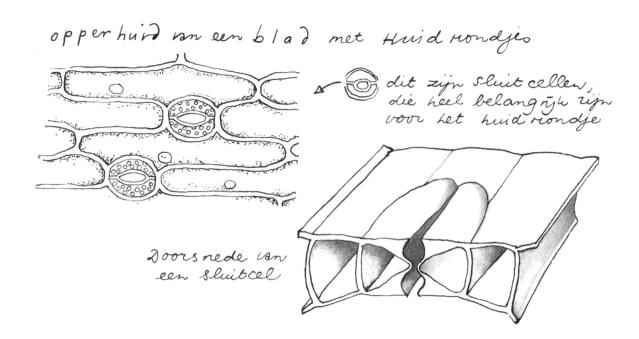

opperhuid van een blad met Huidmondjes

dit zijn sluitcellen, die heel belangrijk zijn voor het huidmondje

Doorsnede van een sluitcel

dat er veel vissen doodgingen in de meren van Noord-Europa. Daarna werden veel bossen in Midden-Europa alsmaar kaler. Het bleek te komen door vervuilde of zure regen. Het water in meren werd zuur. Veel planten en sommige bomen gingen dood. En voor waterleidingbedrijven werd het toen al steeds moeilijker om schoon drinkwater te maken.

Zure 'regen' is eigenlijk geen goed woord. Een groot deel van de vervuiling in de lucht valt ook droog op de aarde. Dat heet 'droge neerslag'. Veel van de droge neerslag valt op de bladeren van bomen. In bladeren zitten huidmondjes, kleine openingen waardoor de boom ademt. Als de huidmondjes worden afgesloten door de vuile stoffen, droogt het blad uit en gaat het dood.
Droge regen komt ook op de grond terecht. Als het daarna regent lossen de vuile stoffen op in het regenwater. Planten en bomen drinken van dat water en zo krijgen ze de stoffen ook binnen.
Bomen en planten die zijn aangetast door zure of droge regen worden kaal en droog. Als je aan een boom of plant ziet dat hij is aangetast, dan is het al te laat. Hij is dan reddeloos verloren.

Zure regen-proef
In dit proefje gaan we het effect van zuur op een standbeeld bekijken. We gebruiken daarvoor krijt, koper en azijn. Schoolkrijt is zachter dan het steen van de meeste standbeelden en azijn is zuurder dan de meeste zure regen, maar daardoor zie je wel goed wat er gebeurt.

Wat heb je nodig:
- een stukje schoolkrijt
- een stuiver (voor het koper)
- azijn
- twee glazen

Wat moet je doen:
Vul de glazen voor de helft met azijn. Gooi in het ene glas het krijtje en in het andere de stuiver. De stuiver en het krijtje reageren sterk op de azijn. Laat de glazen een paar dagen staan en bekijk ze dan opnieuw. Als het krijtje en de stuiver niet meer reageren is de azijn uitgewerkt. Je kunt er dan nieuwe azijn bij gieten.

De zuurtest
Met de volgende proef meet je hoe zuur water is. Daarvoor maak je eerst een 'zuurverklikker' van rode kool.

Wat heb je nodig:
- een glas kraanwater
- een glas regenwater
- een glas slootwater
- een glas mineraalwater
- vier etiketten
- een kwart rode kool
- een pan met een bodempje kraanwater
- een flesje met een etiket waarop je 'Verklikker' hebt geschreven

Wat moet je doen:
Plak de etiketten op de glazen water en schrijf erop welk water erin zit. Snij dan de rode kool in lange repen en kook hem tien minuten zachtjes in de pan met het bodempje water. Laat de rode kool afkoelen en giet het vocht uit de pan in het flesje. Je 'zuurverklikker' is nu klaar. Schenk een klein beetje van de 'verklikker' in elk glas water en kijk goed naar de kleur die het water krijgt.
Wordt het water rood, dan is het water zuur. Wordt het water blauw, dan is het water basisch (het tegenovergestelde van zuur). Als het water een beetje paarsig wordt, dan is het een beetje zuur. Probeer je verklikker ook eens in een glas met water waarin je een klein beetje waspoeder hebt opgelost. Of in een glas water met een scheutje melk of een beetje citroensap.

Wat kunnen we doen tegen de zure regen?

Zure regen is ook een gevaar voor ons drinkwater. Doordat de zure regen in het oppervlaktewater terechtkomt wordt dat zuur. Het kost dan extra veel moeite en extra veel geld om het water weer schoon te krijgen.

Ook het grondwater kan vervuild raken. Het ondiepe grondwater is op sommige plaatsen al vervuild. Het dieper zittende grondwater is nog niet aangetast. Het is dus nog niet te laat.

Alle landen van Europa proberen samen iets tegen de zure regen te doen. Dat moet wel, want de vervuiling van de lucht houdt nou eenmaal niet op bij de grenzen. Met allerlei regels proberen de landen ervoor te zorgen dat er minder vervuiling in de lucht komt.

Ook proberen de landen de gevolgen van zure regen te verminderen. Dat kan bijvoorbeeld door kalk te strooien in een verzuurd meer of op de bodem van een aangetast bos. De kalk vermindert de gevolgen van het zuur. Het probleem is echter dat je dat steeds weer opnieuw moet doen zolang het zuur blijft regenen.

Daarom is het beter om te zorgen dat er helemaal geen zure regen komt. Als je daarbij wilt helpen, dan kun je er bijvoorbeeld voor zorgen dat uitlaten en schoorstenen niet zo veel hoeven 'uit te laten'. Dat kun je doen door minder energie te gebruiken. Trek dus een trui aan, in plaats van de kachel wat hoger te zetten. En doe het licht uit als je de kamer uitgaat. Hierdoor hoeft een elektriciteitscentrale minder hard te werken en rookt zijn fabriekspijp minder. Koop verder geen wegwerpartikelen. De energie die nodig was om ze te maken, gebruik je dan maar één keer. Vraag je ouders om minder met de auto te rijden. Pak de fiets of de trein. Ook als het regent. Als je een goed regenpak hebt, kan dat best.

Maak zelf groene soep

In deze proef maak je zelf groene soep. Daarvoor gaan we water overbemesten met 'fosfaten' en 'nitraten'.

Wat heb je nodig:
- drie lege potten of flessen met een inhoud van 1 liter
- een emmer aan een lang touw
- drie liter slootwater
- vloeibare plantenvoeding, verkrijgbaar bij de bloemist
- drie etiketten
- pen en papier

Wat moet je doen:

Gooi de emmer aan het touw in een sloot bij jou in de buurt. Schep drie liter water uit de sloot. Roer het water thuis goed door. Giet de drie potten bijna vol met het water. Nummer de drie potten met de etiketten van 1 tot en met 3. Geef de potten nu plantenvoeding. Pot 1 één dopje. Pot 2 geef je twee dopjes. En pot 3 geef je drie dopjes. Zet de potten op een lichte en warme plaats, maar niet direct in het zonlicht.

Kijk nu elke dag wat er is gebeurd. Hoe helder is het water en hoe ruikt het? In welke pot krijg je de dikste groene soep? Kijk nu eens in de sloot waaruit je het water hebt gehaald. Zie je verschil?

Laat de potten een paar weken staan en bekijk ze dan opnieuw. Wat zie je nu? Ruik er eens aan.

In een schone sloot zorgen bacteriën samen met de zuurstof ervoor dat het water gezond blijft.

Als je de potten lang laat staan, dan maakt je groene soep alle zuurstof op. Doordat het water in je potten stilstaat, komt er ook bijna geen nieuw zuurstof meer bij. Het water 'stikt', het gaat dood. Alle kleine plantjes en diertjes in het water gaan ook dood. Ze zakken naar de bodem en gaan rotten.

De waterproef

In de Middeleeuwen werden heksen ontmaskerd met de waterproef. Als een vrouw van hekserij werd verdacht, dan werd zij met een zware steen aan haar benen in het water gegooid. Lukte het de verdachte om boven water te komen, dan moest ze wel een heks wezen. De vrouw werd dan alsnog gedood. Lukte het de verdachte niet om weer boven water te komen, dan was ze onschuldig. Helaas was ze dan ondertussen wel verdronken.

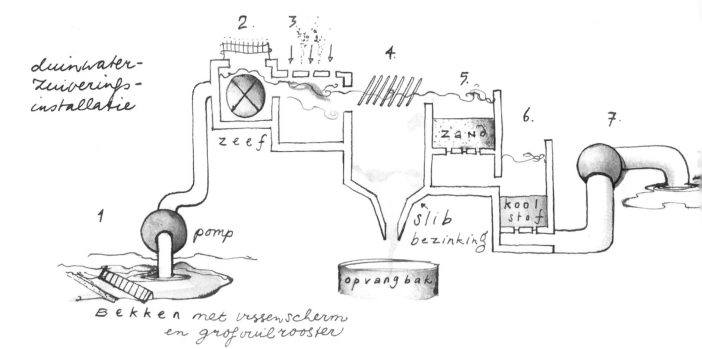

duinwater-
zuiverings-
installatie

2.
3.
4.
5.
6.
7.

zeef

1

pomp

ZAND

slib
bezinking

kool
stof

opvangbak

Bekken met vissenscherm
en grofvuilrooster

Water wassen

Kraanwater moet schoon, helder, reukloos en
smaakloos zijn. Het water uit de rivieren, waar
kraanwater van wordt gemaakt, is dat niet. Het is te
vervuild. Daarom moet het eerst worden schoongemaakt. Het water moet worden gewassen. In
Nederland werken elke dag bijna 9000 mensen
aan het schoonmaken van water. Dat doen ze op de
volgende manier.

1. Eerste stap
Het water uit de rivier of uit een meer komt eerst in
een soort klein meertje: een 'bekken'. Het water in
het bekken wordt onderzocht op vervuiling. Er
wordt gekeken of het niet te vuil is om drinkwater
van te maken. Zand en modder die in het water
zweven, zinken hier ondertussen naar de bodem.
Daardoor wordt het water al wat schoner.
Als het water niet te vervuild is, dan mag het naar
de waterfabriek. Een 'vissenscherm' zorgt ervoor
dat er geen vissen meekomen. En een grofvuilrooster houdt grote vuilresten tegen.

2. Microzeven
Het water stroomt daarna over zogenaamde 'trom-
melzeven'. Dit zijn grote ronddraaiende trommels

waarop een heel fijn gaas zit. Hier worden alle
vuiltjes die groter zijn dan eentiende millimeter
tegengehouden.

3. Waspoeder
In de derde stap worden chemische stoffen in het
water gedaan. Deze chemicaliën zorgen ervoor dat
het vuil dat nog in het water zit, gaat klonteren. Het
waspoeder bij jou thuis in de wasmachine werkt
net zo. In deze stap plakken alle deeltjes die nog in
het water zitten of die in het water zijn opgelost,
aan elkaar. Hierdoor zijn ze beter uit het water te
zeven.

4. Bezinking
Het water met de vuilvlokken stroomt in het bezin-
kingsgedeelte. Hier stroomt het water tussen een
aantal schuine platen omhoog. De vlokken zijn te
zwaar en schuiven door hun gewicht langs de
platen naar beneden. Daar komen ze terecht in een
opvangbak.

5. Zandfiltratie
Het water komt nu bij de zandfilters. Net als in de
duinen sijpelt het water door een laag zand. De
zandlaag vangt de nog overgebleven vuilvlokken
op.

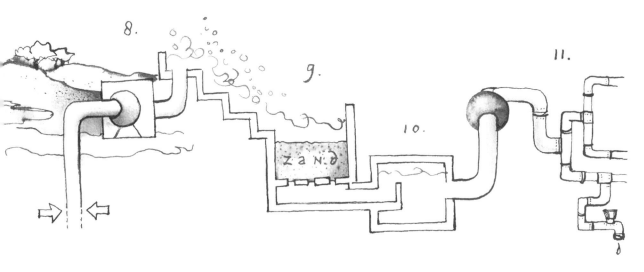

6. Actieve koolfiltratie
Na de zandfilters komt het water door een filter met 'actieve koolstof'.
Hier worden onder andere de bestrijdingsmiddelen van de landbouw uit het water gehaald. Dit gebeurt doordat deze middelen chemisch met de koolstof worden verbonden.

7. Transport, infiltratie en terugwinning
Het water is nu voorgezuiverd. Het is schoon genoeg om bijvoorbeeld naar de duinen te gaan, waar het door het duinzand verder wordt gefilterd. Na een verblijf van zes weken in het duinzand, wordt het water ongeveer 100 meter verderop weer opgepompt.

8. Beluchting
Tijdens het verblijf in de duinbodem is er onder andere ijzer in het water opgelost. Je zou het water wel kunnen drinken, maar door het ijzer smaakt het 'roestig'. Als het uit de duinen is opgepompt, wordt het daarom over een soort waterval geleid. Hierdoor komt er veel zuurstof in het water, waardoor het ijzer en andere stoffen gaan klonteren.

9. Filtratie
Het water gaat nu opnieuw door een zandfilter. Omdat dit filter vooral de ijzervlokken uit het water haalt, wordt deze stap de 'ontijzering' genoemd.

10. Reinwaterkelder
Het gebruik van drinkwater is erg wisselend. Als iedereen opstaat is er veel water nodig voor thee en douches. 's Middags hebben mensen minder water nodig, maar 's avonds weer meer: voor het koken en de afwas. Om deze verschillen op te kunnen vangen is er steeds een grote voorraad nodig. Die voorraad drinkwater zat vroeger in watertorens. Tegenwoordig zit hij in zogenaamde reinwaterkelders. Rein is een ander woord voor schoon. Door deze reinwaterkelders is er altijd genoeg water beschikbaar.

11. Transport en afname
Het water wordt vanuit de reinwaterkelders in hele grote leidingen gepompt. Kleinere hoofdleidingen brengen het water naar jouw buurt. Weer kleinere leidingen brengen het water naar jouw straat. Daar stroomt het water via aparte leidingen elk huis binnen. En als jij nu thuis de kraan opendoet, weet je dus welke lange weg het water is gegaan.

grove stenen
fijne steentjes
grof zand
fijn zand
watten

Bouw je eigen waterfabriek

Het water dat je drinkt is goed schoongemaakt.
Maar als je het zelf weer vies maakt, dan heb je een
eigen waterfabriek nodig. Met deze waterfabriek
filter je vuil water.

Wat heb je nodig:
- een lege plastic fles, zonder dop
- een schaar
- plakband
- watten
- een limonadeglas fijn zand
- een limonadeglas grof zand
- een limonadeglas fijne steentjes
- een limonadeglas grind
- een maatbeker met vies water, bijvoorbeeld
  afwaswater of water uit een sloot
- vieze spullen zoals aarde, gras en takjes.

Wat moet je doen:

Knip de fles 15 cm onder de opening in tweeën. Zet
het bovenstuk van de fles ondersteboven in het onderstuk (de rand moet 1 cm diep in het onderstuk
steken). Plak het vast met plakband.

Leg in de schenkopening van het bovenstuk een
laagje watten. Leg op de watten eerst een laag fijn
zand en dan een laag grof zand. Leg op de lagen
zand een laag fijne steentjes en daarop een laagje
grind. Je waterfabriek is nu klaar!

Maak het water nu extra vies door er aarde, gras,
takjes en dergelijke bij te gooien. Giet de maatbeker
nu heel langzaam in de waterfabriek. Hoe ziet het
eruit als het onder in de fles drupt?

Proef niet van het water, het is nog niet schoon
genoeg om het te kunnen drinken!

Welke stappen zouden er met dit water in de waterfabriek nog meer nodig zijn om het wel drinkbaar te
maken?

Dierenalarm

Het is belangrijk dat het drinkwater tijdens alle stappen van de zuivering steeds schoner wordt. Daarom wordt er regelmatig gemeten. Het allerbelangrijkste is natuurlijk het water waarmee je begint. Dat moet goed van kwaliteit zijn, want een goed begin is het halve werk.

Om daarvoor te zorgen, wordt het water al in de Rijn gemeten. Als er een wolk gif of vuil in het water van de Rijn aan komt drijven, dan wordt er direct alarm geslagen. De waterfabrieken stoppen dan met het naar binnen halen van het Rijnwater tot het gevaar weer is geweken.

Er zijn allerlei proeven om te meten of het water schoon is of niet. Maar op een aantal plaatsen helpen vissen of watervlooien met het controleren van het rivierwater.

Een klein stroompje van het rivierwater wordt dan door een aquarium met vissen of vlooien geleid. Als er maar een heel klein beetje vuil of smerigheid in het water zit, dan zie je dat meteen aan de vissen en vlooien. Ze proberen dan zo snel mogelijk weg te komen.

De vissen en vlooien krijgen direct weer schoon water. Maar de waterfabrieken weten dan al genoeg. Ze stoppen met de inname van het vervuilde water.

Dieren kunnen ook het zeewater in de gaten houden. In Zeeland zijn mossels aan het werk. Ze controleren of er geen vuile stoffen in zee zitten. Als een groot aantal mossels hun schelpen lang achter elkaar dichthoudt, dan is het water vies. De mossels waarschuwen dus met hun schelpen!

Water met een luchtje

In Amerika kun je flessen drinkwater voor je hond of kat kopen. Je hebt er flessen 'Thirsty Cat' en 'Thirsty Dog' (dorstige kat en dorstige hond), in de smaken vis en vlees. Blackie en Bonzo vinden het heerlijk, maar zelf kun je er maar beter van afblijven. De lucht alleen al!

Water op de terugweg

Als jij je tanden hebt gepoetst met het water uit de kraan, dan spuug je het in de wasbak. Via de wasbak komt het in het riool. Als je de wc doorspoelt, gaat dat ook het riool in. Net als het afwaswater en het waswater.

In ons land ligt meer dan 50.000 kilometer rioolbuis. Riolen zijn er in soorten en maten. Bij jou thuis is het riool nog klein, maar als de riolen van veel huizen of zelfs steden bij elkaar komen dan worden de buizen groter en groter. In Parijs en Londen zijn de buizen van de hoofdriolering zo groot dat je er makkelijk met een vrachtauto in kunt rijden.

Al het afvalwater komt, via de rioleringsbuizen, uiteindelijk bij een fabriek terecht waar rioolwater wordt gezuiverd. Ook het afvalwater uit fabrieken en het regenwater dat op straat is gevallen, komt daar terecht. Als het water weer schoon is, wordt het aan de natuurlijke kringloop teruggegeven. Laten we jouw afvalwater eens volgen vanaf het moment dat het uit het riool bij de schoonmaakfabriek voor rioolwater komt.

1. Eerste stap
Eerst worden alle grote delen, zoals stukjes plastic of hout, uit het water gehaald met een grote zeef.

2. Zand eruit
Daarna wordt het zand uit het afvalwater gehaald. Dit gebeurt om de pompen van de fabriek te beschermen. Het zand zou de pompen snel kapotschuren.

3. Ronde bakken
Hierna gaat het afvalwater naar ronde 'voorbezinktanks'. In deze ronde bakken komt het water tot rust. Doordat het niet meer stroomt, zakt het zware vuil naar de bodem en komt het lichte vuil bovendrijven. Van het vuil wordt slib gemaakt. Dit slib wordt vaak door boeren gebruikt als mest of om het land op te hogen.

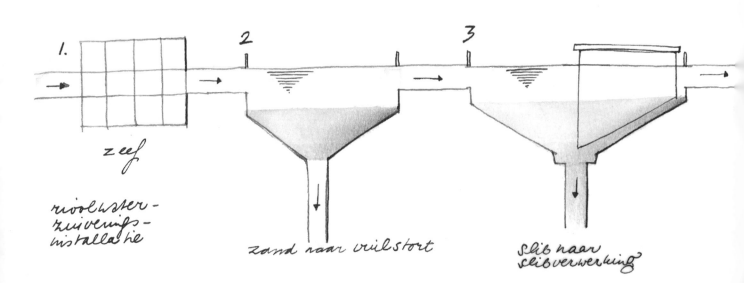

1.

zeef

rioolwater-
zuiverings-
installatie

2

zand naar vuilstort

3

slib naar
slibverwerking

4. Rechte bakken

Na de voorbezinktanks gaat jouw afvalwater verder naar de beluchtingstanks. Dit zijn grote rechte bakken waarin het borrelt en bruist. Dit komt doordat er veel zuurstof in de bakken wordt geblazen. In deze bakken werken ontelbaar veel bacteriën. De bacteriën gebruiken de zuurstof om het afvalwater verder te zuiveren. Ze eten het vuil op!

5. Weer bezinken

Nu gaat het water met de bacteriën naar de nabezinkbak. In deze bak worden de bacteriën uit het water gehaald. Ze gaan terug naar de beluchtingstank om weer nieuw water schoon te maken.

6. Chemische zuivering

In deze stap worden de bemestings- en bestrijdingsmiddelen van de landbouwbedrijven uit het afvalwater gehaald.

7. Zwemwater

In de volgende stap worden er allerlei ziektekiemen uit het water gehaald. Dit wordt gedaan omdat het afvalwater soms in de zee of in een meer wordt geloosd.

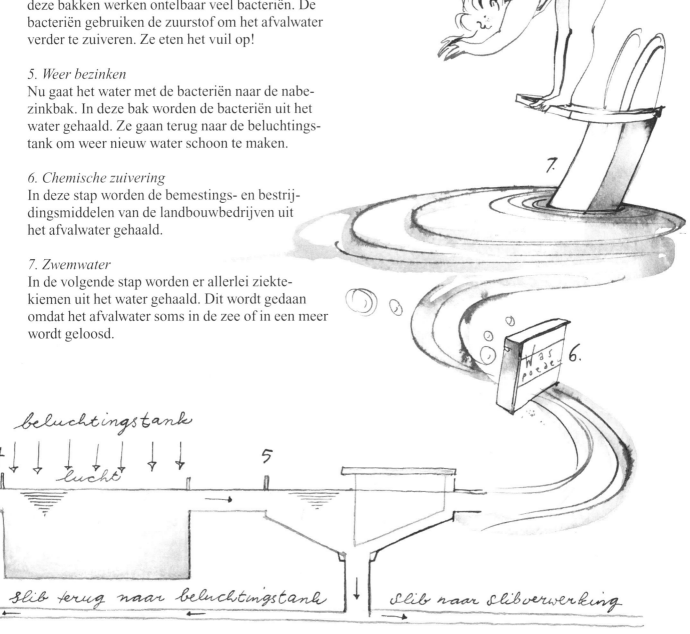

beluchtingstank

4 lucht 5

slib terug naar beluchtingstank   slib naar slibverwerking

Water voor de natuur

De mens is niet de enige die water aftapt van de kringloop. Ook planten en dieren hebben schoon water nodig. Als ze dat niet voldoende krijgen, gaan ze dood.

Planten kunnen op drie manieren aan water komen. Sommige planten kunnen met bovengrondse wortels vocht uit de lucht halen. Planten met lange grondwortels kunnen het grondwater drinken. Planten met korte wortels zuigen het regenwater op dat op de grond is gevallen.

Plantenwortels hebben poriën: heel kleine gaatjes. Door die poriën komt het water in dunne kanalen in de wortel. In die kanalen gaat het water verder naar de stam, de takken en de bladeren.

Planten gebruiken water vooral om te kunnen zweten. Door te zweten worden de bladeren niet te warm. Het vaatstelsel voor het vervoer van water houdt de plant ook in vorm. Het is een soort skelet. Kijk maar eens naar een kamerplant die te weinig water heeft gekregen. Die hangt helemaal slap.

In het water dat een plant opzuigt zitten ook allerlei voedingsstoffen voor de plant. Planten hebben dus water nodig. Ze komen in gevaar als er te weinig water is. Op veel plaatsen dreigt dat gevaar, doordat er bijvoorbeeld te veel grondwater wordt opgepompt om drinkwater van te maken.

Natte viooltjes voor de zilveren maanvlinder

Veel natuurgebieden worden bedreigd door uitdroging. De regering probeert de verdroging te stoppen. Ze koopt daarom droge gebieden op en verbiedt dat daar nog water wordt opgepompt. Het regenwater dat in die gebieden valt wordt zo lang mogelijk in het gebied vastgehouden, zodat de

natuur zich weer kan herstellen. Op zo'n manier kan een verdroogd natuurgebied weer nat worden. Als dat natuurgebied bijvoorbeeld een veengebied is, dan kan daar het moerasviooltje weer gaan groeien. Op dat viooltje legt de zilveren maanvlinder haar eitjes. De rupsen die daaruit komen, eten graag van het moerasviooltje. Door het tegengaan van de verdroging voorkom je dus dat de zilveren maanvlinder uitsterft.

Veertien emmertjes water halen

Jij hoeft thuis de kraan maar open te draaien en er komt water uit. Zoveel water als je nodig hebt om te douchen, het toilet door te spoelen, je eten in te koken of gewoon om te drinken. Je gebruikt onge-

en leidt tot zure regen. En door zure regen wordt het water weer vuiler.

De oplossing om dan maar grondwater op te pompen, bedreigt de natuurgebieden die te droog worden waardoor planten en daarna dieren uitsterven. Hoe minder water je dus gebruikt, hoe beter het is voor het milieu. Je kunt zelf heel makkelijk water besparen. Door een paar kleine maatregelen gebruik je algauw 35 liter per dag minder. Probeer het maar eens.

veer 140 liter water per dag. Dat zijn veertien emmers vol.

Het meeste water gebruik je om te baden en te douchen. Ook gebruik je veel water om je kleren te wassen en om het toilet door te spoelen. Hiernaast zie je hoeveel water je gemiddeld gebruikt.

Niet alleen thuis gebruiken we water. Ook landbouwers en fabrieken gebruiken veel water. Boeren besproeien hun akkers als het niet genoeg regent. Bedrijven gebruiken water als oplosmiddel, als transportmiddel, om dingen te spoelen, schoon te maken en af te koelen.

Vaak weet je niet dat er veel water is gebruikt om iets te maken. Het maken van een kilo sla kost bijvoorbeeld vijfentwintig liter water. Het maken van één liter bier kost vijftien liter water. De productie van een auto kost ongeveer 250 keer zijn gewicht in water: 250.000 liter!

Het kan best wat minder

Omdat het water steeds vuiler wordt, kost het steeds meer moeite om er schoon drinkwater van te maken. Het zuiveren van water verbruikt ook veel energie. Het maken van energie vervuilt de lucht

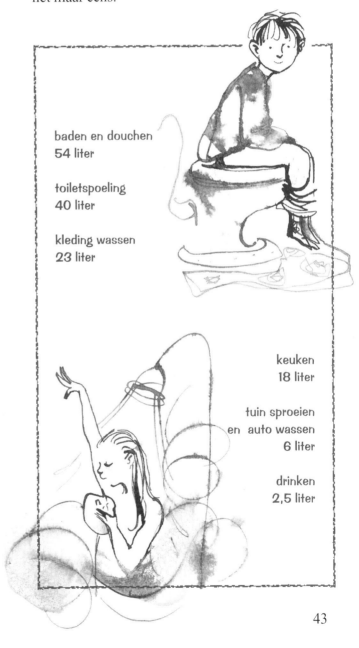

baden en douchen
54 liter

toiletspoeling
40 liter

kleding wassen
23 liter

keuken
18 liter

tuin sproeien
en auto wassen
6 liter

drinken
2,5 liter

Douchen is dus veel zuiniger. Bovendien kun je een 'spaar-douchekop' kopen. Dat is een douchekop die het water op een ander manier verdeelt. Hierdoor krijg je met minder water toch een krachtige straal. Je wordt net zo nat met minder water. Je bespaart daarmee 15 liter water per persoon per dag.

Het water dat je zo bespaart kan in de natuurlijke kringloop blijven. Het hoeft niet te worden gezuiverd. Bovendien hoeft het ook niet verwarmd te worden, wat energie scheelt.

Je kunt ook korter douchen. Ook dan bespaar je flink wat water. Als iedereen in Nederland een minuut korter zou douchen, dan zou dat 27.000.000.000 (27 miljard) liter water per jaar schelen!

Besparen op het toilet

In het toilet wordt water verzameld in de stortbak. Als je doortrekt, komt al dat water in één keer vrij. Dat water spoelt je plas of je drol in het riool. Als je thuis een oude stortbak hebt, spoelt die 9 liter water in één keer weg. Nieuwe stortbakken zijn zuiniger, die gebruiken maar 6 liter water. Dan heb je wel een speciale toiletpot nodig. Nieuwe stortbakken met oude toiletpotten, dat gaat niet. De nieuwe toiletpot is speciaal gevormd om met minder water toch goed door te spoelen.

Als je een plas doet op het toilet, heb je weinig water nodig om die weg te spoelen. Daarom zijn er stortbakken die je halverwege kunt stoppen. Er zit een speciale knop op die je kunt indrukken als je plas is doorgespoeld. Met zo'n stortbak bespaar je gemiddeld 15 liter water per persoon per dag.

Besparen in de keuken

Afwassen met een teiltje kost ongeveer 15 liter water per keer. Dat is evenveel als afwassen met een moderne afwasmachine. Toch bespaart met de hand afwassen water. Dat komt doordat je bij een

Besparen in de badkamer

Het meeste water bespaar je door de badkamer helemaal niet meer te gebruiken. Maar dan zou je al snel wat vies gaan ruiken. Op de lange duur zou het zelfs ongezond zijn. Toch maar wassen dus. Maar je kunt wel flink wat water besparen, terwijl je je toch goed kunt blijven wassen.

Om te beginnen moet je de kraan natuurlijk niet onnodig laten lopen. Als je je tanden poetst of je haar wast, dan kan de kraan tussendoor dicht. Als je in bad gaat, gebruik je ongeveer 150 liter water. Als je een douche neemt van vijf minuten, dan is dat maar 50 liter.

Word een waterkenner

Weet jij hoeveel water je precies gebruikt? Vast niet. Je staat er niet zo bij stil. Als je een waterdagboek bijhoudt, leer je jezelf als watergebruiker pas goed kennen.

In een waterdagboek schrijf je precies op hoeveel water je elke dag gebruikt. Je doet dat door steeds op je horloge te kijken hoe lang de kraan openstond. Met een maatbeker kun je eerst meten hoeveel water er uit de kraan komt in een halve of een hele minuut. Gooi dat 'test'-water niet weg. Je kunt het bijvoorbeeld aan de planten geven.

Tel in je dagboek elke dag hoeveel liter water je hebt gebruikt. Bedenk ondertussen eens waar je water zou kunnen besparen. Kijk na een week hoeveel water je per dag minder gebruikt.

afwasmachine erg vuile afwas eerst moet voorspoelen.

Een afwasmachine is wel lekker makkelijk. Als je dan toch een afwasmachine wilt gebruiken, doe dat dan met milieuvriendelijk afwasmiddel. En zorg ervoor dat je de machine pas gebruikt als hij helemaal vol zit. Hetzelfde geldt trouwens voor de wasmachine.

Nog meer besparen

Als er bij jou thuis een kraan 10 druppels per minuut lekt, dan verlies je per jaar 2000 liter drinkwater. Een lekkende kraan moet dus snel gerepareerd worden.

Als het zomers lang droog is en je de planten water wilt geven, gebruik dan een gieter en geen sproeier. Eén keer per week flink wat water geven is beter dan elke dag vijf minuten. Begiet de planten altijd na zonsondergang, omdat er dan veel minder water verdampt.

Een auto wassen met de tuinslang kost 150 liter water. Was de auto dus maar wat minder vaak. En als je hem dan toch moet wassen, gebruik dan een emmer en een spons, dat scheelt ook een hoop water.

Water als bron

Water uit de natuur hebben we nodig voor ons drinkwater. Maar zeeën en rivieren zijn ook een geweldige voedselbron voor ons. En als energiebron wordt water steeds belangrijker.

Bovendien is water een bron van plezier, want je kunt er lekker in zwemmen en varen. Vroeger werd water gebruikt als verdediging.

Vis en schelpdieren zijn een belangrijke voedselbron voor mensen. Elk jaar worden er honderdduizenden kilo's vis gevangen. Nederlanders en Belgen eten vooral veel haring, schol, kabeljauw en tong, maar er zijn nog veel meer lekkere vissoorten.

Veel zeedieren worden niet meer gevangen maar gekweekt, zoals mossels. Het mosselzaad wordt in speciale delen van de zee gelegd. Daar kunnen de mossels goed groeien. Als ze groot genoeg zijn, worden ze weer opgevist en kun je ze eten. Tegenwoordig wordt ook zeewier gekweekt, want ook dat kun je goed eten. Het is zeer rijk aan vitaminen en mineralen en het is nog lekker ook. Zeewier eet je vers uit het water of gedroogd uit een pakje. In Japan wordt enorm veel zeewier gegeten, wel 300 miljoen kilo per jaar. Bijna al dat zeewier wordt in zee gekweekt.

Energie uit rivierwater

Snelstromende rivieren kunnen goed worden gebruikt om energie op te wekken. Lang geleden ontdekte men al dat je een molen kunt laten draaien op waterkracht. Bij zo'n watermolen werd er een rad in de waterstroom gehangen. Het water zorgde ervoor dat het rad ging draaien. In de molen werd de beweging van het rad gebruikt om een zaag op en neer te laten gaan. Met zo'n zaag kon een boom in planken worden gezaagd. De allereerste spinmachines werkten ook op zulke waterkracht. Ze sponnen garen van schaapswol. Van dat garen werd kleding gemaakt.

Tegenwoordig wordt er veel energie uit water gehaald door stuwdammen. Een stuwdam is een dam van beton in een rivier. De dam houdt het water van de rivier tegen. Hierdoor ontstaat achter de stuw-

dam een meer. Onder in de dam zit een elektriciteitscentrale. Die werkt met grote schuiven. Als die schuiven worden opengezet, stroomt het water van het stuwmeer er met grote kracht doorheen. In elke schuif zit een modern soort waterrad, een dynamo. Als zo'n dynamo door het langsstromende water gaat draaien, wekt hij elektriciteit op. Eigenlijk net zo als de dynamo op je fiets. Een stuwdam maakt genoeg elektriciteit voor een grote stad.
Stuwdammen zijn wel vaak een gevaar voor de natuur. In het Amazonegebied in Zuid-Amerika verdween door de bouw van stuwdammen 146.000 hectare bos onder water. Dat is een gebied dat twee keer zo groot is als Nederland en België samen. Maar als een waterkrachtcentrale eenmaal werkt, dan is de opgewekte energie goedkoop. Bovendien is het hele schone energie, die geen vervuiling van het milieu veroorzaakt.

Energie uit de zee

Ook zeewater wordt gebruikt om elektriciteit te maken. Dat gebeurt bijvoorbeeld met getijcentrales. Deze centrales maken gebruik van het verschil tussen eb en vloed. Een getijcentrale is een dam in de monding van een rivier. Onder in die dam zitten ook weer een heleboel schuiven met dynamo's. Het water dat met eb en vloed in en uit de schuiven stroomt, laat de dynamo's draaien. Hierdoor wordt de elektriciteit opgewekt. In Bretagne, in Frankrijk, staat zo'n getijcentrale.
Ook met golfgeneratoren wordt energie opgewekt. Als je op een luchtbed in zee drijft, dan beweeg je op de golven. Van die beweging kan elektriciteit worden gemaakt. Dat gebeurt met een golfgenerator. Je kunt je voorstellen dat in een golfgenerator heel veel 'luchtbedden' tegelijk op en neer bewegen. Hierdoor wordt lucht in een buis geperst, net als in een fietspomp. De samengeperste lucht laat dan weer een dynamo ronddraaien. Golfgeneratoren zijn eigenlijk drijvende elektriciteitscentrales. Een hele nieuwe methode om energie uit oceaanwater te halen maakt gebruik van zonnewarmte.

De zon verwarmt oceaanwater aan de oppervlakte. Dieper in de oceaan blijft het water koud. Dit verschil in temperatuur kan worden gebruikt om elektriciteit op te wekken.

Waterpret

Op het water kun je surfen, zeilen, roeien, waterskiën achter een motorboot of op een jet-ski, en schaatsen.
Veel plezier kun je ook beleven als je onder water duikt. In de Middeleeuwen waren er al waaghalzen die gouden munten en andere kostbaarheden uit gezonken schepen opdoken. Ze deden dat met een duikerklok. Dat was een soort wigwam van hout die helemaal luchtdicht was gemaakt. Als deze klok rechtop in het water werd gelaten, dan bleef de lucht eronder zitten. De duiker zwom onder de

Maak zelf zeezout

Zout is een belangrijke bouwstof voor je lichaam. In warme landen wordt zout gewoon uit de zee gehaald. De mensen laten grote stukken strand met zeewater onderlopen. Door de hitte van de zon verdampt het water. Het zeezout blijft achter. Elk jaar wordt er zo 6 miljoen ton zout uit zeewater gewonnen. Dat zijn 6.000.000.000 pakken van één kilo.
Jij kunt op precies dezelfde manier zout maken.

Wat heb je nodig:
- een groot diep bord
- een flinke schep keukenzout
- een limonadeglas warm water

Wat je moet doen:
Het zeewater bij ons is te vervuild voor deze proef. Je moet daarom eerst zelf zeewater namaken. Dit doe je door een flinke schep keukenzout op te lossen in het glas water. Daarna giet je het zoute water op het bord. Plaats het bord op een warme plaats in de zon. Kijk elke dag wat er gebeurt. Proef ook steeds een klein beetje. Uiteindelijk is al het water verdampt. Wat overblijft is… zout.

klok en ging dan omhoog zodat hij terechtkwam in de luchtbel. Zo kon de duiker onder water toch ademen. Vanaf een schip liet men dan de duikerklok aan een touw langzaam naar de bodem zakken.

Duikerklokken worden nog steeds gebruikt als er veel werk onder water moet gebeuren. Maar tegenwoordig is zo'n duikerklok van metaal en in de moderne duikerklok zit een grote reservevoorraad lucht in flessen.

Duiken voor je plezier doe je om mooie vissen en koralen te zien. Vroeger hadden duikers een gigantisch pak aan. Door de dikke stof en de grote helm leek het wel een ruimtevaartpak. Zulke pakken werden vanaf een boot via slangen steeds met verse lucht volgepompt.

De bekende oceaanonderzoeker Jacques Cousteau bedacht samen met een vriend het moderne duikerpak. Ze noemden dit het 'scubapak'. Daarom heet duiken met zo'n pak ook wel scubaduiken. Het scubapak heeft een duikmasker in plaats van een helm. Aan je voeten heb je zwemvliezen, waarmee je heel makkelijk kunt zwemmen. Het belangrijkste verschil met de oude pakken is dat de scubaduikers zelf hun zuurstof meenemen. Die zuurstof zit in flessen op de rug van de duiker. Hierdoor zitten scubaduikers niet meer aan een boot vast. Door de uitvinding van het scubapak werd duiken veel makkelijker.

Water tegen de vijand

In de Middeleeuwen woonden mensen in kastelen en ommuurde steden. Als ze werden aangevallen, boden de muren van het kasteel of de stad een redelijke bescherming. Vijanden hadden eigenlijk maar twee manieren om zo'n vesting te veroveren. De ene manier werkte met grote houten torens op wielen. Die torens, met soldaten erin, werden tegen de kasteelmuren aan gereden. Zo konden die soldaten over de muren van het kasteel klimmen. De andere mogelijkheid was om met een flinke bom een groot gat in de kasteelmuur te slaan. Door dat gat kon de vijand dan het kasteel binnenstormen.
Om vijanden nog minder kans te geven, verzonnen fortenbouwers dat je een gracht om het kasteel moest graven. Zo konden de torens van de vijand niet meer bij de muren komen en een bom leggen was ook niet meer zo gemakkelijk. Met de ophaalbrug omhoog was het kasteel of de stad bijna onbereikbaar. Water werd op die manier heel lang als verdedigingsmiddel gebruikt.

De Rijnsnelweg

Als je in de buurt van een grote rivier bent, dan moet je eens gaan kijken hoeveel schepen erop varen. De Rijn is zelfs één van de drukst bevaren rivieren ter wereld. Per jaar varen er ongeveer 160.000 schepen over. Die schepen vervoeren een enorme hoeveelheid vracht. Per jaar verschepen ze meer vracht dan alle treinen en vrachtauto's samen. Voor de schippers zijn de rivieren dus een bron van inkomsten.
De meeste scheepsvracht is bestemd voor de industrie. Aardolie en ijzer worden vanuit de havens over de Rijn naar fabrieken in het Roergebied in Duitsland gebracht. Rotterdam en Antwerpen behoren tot de grootste havens ter wereld. De vracht uit grote zeeschepen en mammoettankers wordt er overgeladen op binnenvaartschepen. Dat zijn kleinere schepen die de vracht verder brengen.
Een ander deel van de zeevracht wordt in de havens van Antwerpen en Rotterdam zelf verwerkt. In de buurt van grote havens vind je dan ook altijd veel fabrieken.

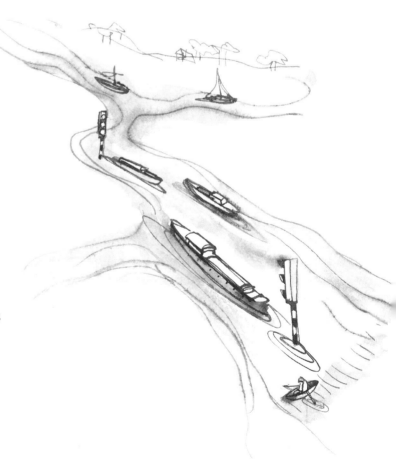

Watergeuzen

In 1572 gebruikten de Watergeuzen ook water bij de verdediging van het stadje Brielle tegen de Spanjaarden. Brielle ligt aan de kust ten zuiden van Rotterdam. Op 1 april 1572 was er een geweldige storm en de Geuzen wilden met hun vloot de haven van Brielle binnenvluchten. Maar de inwoners van Brielle wilden hen er liever niet inlaten. De Geuzen hadden namelijk niet zo'n beste naam, ook al waren ze net als de Briellenaren vijanden van de Spanjaarden die ons land hadden veroverd. De inwoners van Brielle sloten de haven en de stadspoorten. Maar de Watergeuzen beukten een van de stadspoorten open met een mast van een van hun schepen. Zo veroverden ze de stad en uit wraak stalen ze alles wat los en vast zat.

De Spaanse soldaten van hertog Alva kwamen niet veel later om de stad weer te heroveren op de Watergeuzen. De Spanjaarden stonden al voor de stadsgrachten toen de stadstimmerman stiekem naar de Noordzeesluis van Brielle zwom. Met een bijl hakte hij de sluis door en het water golfde het land binnen tot tegen de stadsmuren. De Spanjaarden sloegen voor al dat water op de vlucht. Elk jaar wordt dit op 1 april nog steeds gevierd in Brielle. 'Op 1 april verloor Alva zijn bril (Brielle)', wordt er dan gezongen.

De brug van Jack de IJzergek

Vroeger waren alle bruggen van hout. De allereerste ijzeren brug ter wereld werd in 1779 in Engeland geopend. De onderdelen voor de brug kwamen uit Coalbrookdale. Daar werkte een zekere John Wilkinson. Die had de bijnaam 'Jack de IJzergek'. In zijn fabriek maakte hij alles, maar dan ook alles van ijzer. Jack de IJzergek werd zelfs in een ijzeren doodkist begraven.

De Waterlinie rond Amsterdam

Vroeger kon Amsterdam zich, net als Brielle, ook met water beschermen tegen vijanden. Aan het einde van de achttiende eeuw werden rond Amsterdam 42 forten gebouwd. Het fort op het eiland Pampus in het IJsselmeer is er één van. Samen heetten die forten de Stelling van Amsterdam. Buiten de forten lag een ring van gebieden die in een paar dagen helemaal onder water gezet konden worden. Dit gebeurde via een knap systeem van dammen, dijken, stuwen en sluizen. Zo werd de Stelling van Amsterdam voor vijanden heel moeilijk bereikbaar. De ring van water heet de Nieuwe Hollandse Waterlinie.

De bouw van de Hollandse Waterlinie kostte meer dan 41 miljoen gulden. Dat was in die tijd een enorm bedrag. En dan te bedenken dat de waterlinie de vijand nooit heeft kunnen tegenhouden. Denk maar aan de Tweede Wereldoorlog. Veel delen van de waterlinie zijn nu natuurgebied. De Stelling van Amsterdam is tegenwoordig een natuurmonument.

Superschepen

In de Gouden Eeuw (1600-1700) had Holland de beste scheepsbouwers ter wereld. Ons land had dan ook een grote vloot van houten zeilschepen voor handel en oorlog. Door die vloot was ons land een van de machtigste landen ter wereld. In alle delen van de wereld kwam je Hollandse schepen tegen. De schepen die je tegenwoordig op de Rijn ziet, zijn allemaal motorschepen. Ze verschillen enorm in grootte. Je hebt kleintjes van 250 ton (ongeveer 250 keer het gewicht van een grote auto) en supergrote van wel 3600 ton. Het grootste schip dat op de Rijn vaart is 110 meter lang en 23 meter breed. Maar voor sommige schippers is zelfs dat niet groot genoeg. Ze willen steeds meer vracht tegelijk vervoeren. Daarvoor gebruiken ze containerschepen en duwbakken. De containerschepen vervoeren op hun dek enorme ijzeren vrachtdozen die containers heten. Duwbakken zijn een soort vlotten in de vorm van diepe bakken. Die bakken zijn aan elkaar vastgemaakt. Ze worden door één boot geduwd. Ondertussen wordt het wel steeds drukker op de Rijn. Daarom zullen er in de toekomst 'verkeersstroken' op de rivier komen, net als bij een autosnelweg. Dan kunnen er veel schepen tegelijk naast elkaar varen.

Bouw je eigen schip

Een vlot is eigenlijk geen schip, het is een drijvend voorwerp. Je kunt er niet mee sturen. Welke kant je opgaat wordt bepaald door de richting waarin het water stroomt of waarheen de wind waait. Oude volken maakten al ontdekkingsreizen met een vlot. Ze gebruikten vlotten van hout, riet of bamboe. Hier zijn een paar manieren om zelf een vlot te bouwen.

Een makkelijk vlot:
- luchtbed
- een plank gaatjesboard
- touw

Bind het gaatjesboard met het touw goed bovenop je luchtbed vast. Het vlot is klaar.

Een gewoon vlot:
- twee opgepompte autobinnenbanden, of beter nog vrachtwagenbinnenbanden
- een oude houten deur
- een dikke stift
- touw

- een boor
- twee grote stukken hout als steun

Leg de twee binnenbanden op de deur en teken ze af met de stift. Teken ze aan de binnenkant en aan de buitenkant af. Leg de banden even weg. Je ziet nu twee cirkels op de deur staan. Boor nu op een paar plaatsen langs de cirkels een paar gaten. Steeds een gat aan de binnenkant en een gat aan de buitenkant van de cirkel. Leg de deur nu op de twee stukken hout en leg de banden terug op hun plaats. Trek het touw nu door de gaten heen en bind de banden goed vast op de deur. Je vlot is klaar.

Let op:
Ga nooit zonder toezicht met een vlot het water op. Zorg dat er iemand in de buurt is die kan helpen als het fout gaat. Ga ook nooit met een vlot in zee als het eb wordt. Je drijft dan weg van het strand en komt niet meer terug. Pas ook op voor sterke stroming. En natuurlijk moet je nooit het water op als je niet kunt zwemmen, zelfs niet op een vlot.

Groene linten van zuiver water

Zeeën en rivieren zijn in het verleden erg vervuild geraakt. Maar de laatste jaren wordt er heel hard gewerkt om de rivieren weer schoon te maken, zodat er meer leven in en om het water mogelijk is.

Grote schoonmaak

Ongeveer honderd jaar geleden werden de eerste grote fabrieken gebouwd. Die fabrieken gooiden hun afval gewoon in het water van de rivieren. Riolen van steden kwamen ook op de rivieren uit. En omdat er steeds meer koeien en varkens in ons land kwamen, kwam er ook veel mest in het water terecht.

Tot ongeveer veertig jaar geleden kon dat gewoon. Maar toen begonnen mensen te begrijpen dat chemische stoffen en ander afval niet in de rivieren thuishoren. Men zag dat er steeds minder vissen en andere dieren in het water voorkwamen. Ook was het water niet meer zomaar drinkbaar. Het moest eerst worden gezuiverd.

De laatste jaren wordt er veel gedaan om de natuur langs de rivieren te verbeteren. Fabrieken mogen niet meer zomaar hun afval in het water lozen. Ook wordt er van alles ondernomen om vissen en dieren zoals otters, salamanders en ringslangen terug te lokken naar de rivier.

Zo is er voor de Rijn een tijd geleden een Rijn-actieplan opgesteld. In dit plan staat onder andere dat de oevers van de Rijn weer groene linten in het landschap moeten worden.

Om te beginnen moet daarvoor het water in de Rijn schoner worden. Dat betekent minder lozingen van afvalstoffen in de Rijn. Maar ook minder mest op de akkers langs de rivier. En minder rioolwater uit de steden in het rivierwater.

In de toekomst krijgt de Rijn natuurvriendelijke oevers met veel plantengroei. De oevers krijgen ook flauwe hellingen, zodat otters, salamanders en ringslangen gemakkelijk uit het water het land op kunnen kruipen. Bovendien zijn bij veel stuwen en sluizen speciale vispassages gebouwd. Hierdoor kunnen vissen weer de hele rivier op en af zwemmen.

De versnipperde natuurgebieden in Nederland moeten door groene stroken land en water met elkaar verbonden worden, zodat dieren makkelijker van het ene gebied naar het andere kunnen trekken. Zo kunnnen ze zich over heel Nederland verspreiden en wordt de kans dat ze uitsterven veel kleiner.

Watervuilnisbelten

Zeeën en oceanen worden al heel lang als afval-emmer gebruikt. Rioolwater, olie, gif, afval van fabrieken en zelfs radioactief afval wordt zomaar in de oceanen geloosd. En dat gebeurt nog steeds. Kleine, eencellige diertjes (plankton) nemen dat gif in zich op. Vissen, die veel van die diertjes eten, krijgen zo dat gif binnen. En vissen die deze vissen eten worden ook weer vergiftigd. In 1952 stierven in Japan meer dan 100 mensen en raakten 2000 mensen verlamd, omdat ze vervuilde vis hadden gegeten.

Verder gooien mensen veel plastic afval, oude netten en touw in zee. Vogels en vissen raken daarin verstrikt en gaan dood.

Uit de lucht komt ook vuil. Stofdeeltjes en chemische stoffen in de lucht komen met regen in zee terecht.

Het meest vervuild zijn de kleine zeeën die aan dichtbevolkte gebieden grenzen. Dat komt doordat het meeste afval door de mens in rivieren wordt gegooid. De rivieren brengen het dan naar zee. De Middellandse Zee, de Noordzee, de Oostzee en de Rode Zee zijn zo echte 'watervuilnisbelten' geworden.

Een vis met heimwee

De zalm is een rare vis. Hij voelt zich op twee plekken thuis: in de zoete rivier en in de zoute zee. Jonge zalmen worden in de lente uit zalmeitjes geboren. Dat gebeurt in de bergen in snelstromende bergriviertjes. De eerste twee jaar blijft de zalm in dat riviertje leven. Dan prent hij zich de geuren van zijn geboortewater goed in. Vervolgens laat de jonge zalm zich langzaam stroomafwaarts zakken naar de monding van de rivier. In de monding blijft hij een poosje rondhangen om te wennen aan het zoute water. Dan begint de grote reis over zee, richting Groenland.

Na een verblijf van ongeveer drie jaar in zee krijgt de zalm heimwee. Hij is ondertussen een meter lang en weegt meer dan 10 kilo. Met een soort eigen kompas vindt de zalm de monding van de rivier terug. Opnieuw blijft hij een poosje in de monding rondhangen. Nu om te wennen aan het zoete water. Daarna trekt hij tegen de stroom op, naar zijn geboortegrond.

Bij die reis stroomopwaarts springt de zalm tegen watervallen en stroomversnellingen in. Zo bereikt de zalm de plek waar hij of zij geboren is, om er met andere zalmen te paaien. De vrouwtjeszalmen leggen uiteindelijk zo'n 20.000 eitjes in de kiezelbodem. Na dit spannende leven is de zalm uitgeput. Bijna alle zalmen sterven van uitputting. Maar de eitjes zijn gelegd. En als die uitkomen begint alles weer opnieuw.

De zalm is de laatste jaren zeldzaam geworden in de Rijn. Vooral de vervuiling van het Rijnwater heeft hem weggehouden. Want als de 'zalm-met-heimwee' bij de monding van zijn geboorterivier merkt dat die vervuild is, dan zwemt hij hem niet op. Dan worden er dus ook geen eitjes gelegd en is de zalm al snel helemaal uit de rivier verdwenen.

Zoek zoetwatermossels

Zoetwatermossels zijn weekdieren. Ze hebben een harde schelp die hun zachte lichaam moet beschermen. Zoetwatermossels zuigen water door de opening van de schelp naar binnen. Ze halen zuurstof en voedsel uit het water en spugen het daarna weer naar buiten. Sommige mossels woelen de bodem om. Hierdoor gaat er allerlei lekkers in het water zweven. Dat zuigen ze dan door de schelp naar binnen.

De schelp van de mossel is gemaakt van kalk. Deze kalk haalt de mossel uit het water. Je vindt zoetwatermossels dan ook vooral in water waar veel kalk in zit. De ringen die je op de schelpen van een mossel ziet, geven aan hoe oud hij is. Een aantal donkere ringen wordt meestal afgesloten met een lichtere ring. Zo'n pakket ringen samen telt voor een jaar. Sommige mossels kunnen wel 12 jaar oud worden.

Als je zoetwatermossels gaat zoeken, trek dan een goed paar laarzen aan. Je kunt het beste zoeken op de ondiepe bodem of op rotsachtige plaatsen langs de rand van een rivier. Sommige mossels zoeken de modderachtige bodem af naar voedsel. Andere mossels zetten zich vast op stenen in ondiep stromend water.

Je bent overigens niet de enige die zoetwatermossels zoekt. Muskusratten en meerkoeten zijn er dol op. Als je een grote verzameling kapotte mosselschelpen ontdekt aan de waterkant, kijk dan goed of die bijtsporen hebben. Meerkoeten hakken de schelpen met hun snavels open. Maar als je bijtsporen ziet, dan is vrijwel zeker een muskusrat je voor geweest.

Omdat mossels voedsel zijn voor andere dieren, kun je ze maar beter weer terugzetten waar je ze gevonden hebt. Mocht je ze wel willen eten, eet ze dan nooit rauw. Daar kun je namelijk erg ziek van worden.

Waterrampen

Jij hebt thuis altijd water uit de kraan. Helaas is dat niet overal in de wereld zo. In veel gebieden, zoals in woestijnen, heerst vaak droogte. De hoeveelheid drinkbaar water op de wereld wordt ook steeds kleiner. Maar er kan soms ook juist te veel water zijn. Dat is ook een ramp: een watersnoodramp.

Waar geen water is, kun je niet wonen

Ons drinkwater komt gewoon uit de kraan. Dat is niet overal zo. In veel arme landen moeten de mensen veel moeite doen voor hun dagelijkse water. Soms kunnen ze zelfs helemaal geen water krijgen. Of het is erg vuil. Schoon water is een uitzondering in arme landen.
Als er wel schoon water is, komt dat uit een natuurlijke put of bron. Wie niet direct in de buurt van zo'n bron woont moet urenlang sjouwen voor zijn dagelijkse portie water.
Er gaan veel mensen in de wereld dood door gebrek aan voldoende schoon water. In de arme landen van de Derde Wereld moeten veel mensen het doen met 12 liter water per persoon per dag. Terwijl je minimaal 40 liter nodig hebt om schoon en gezond te blijven. Het gebrek aan schoon water

bedreigt miljoenen mensen. Als er niets gebeurt, dan heeft binnenkort één op de drie landen een watertekort.

De Verenigde Naties vinden dat er snel hulp moet komen. Ze willen dat er aan het begin van de volgende eeuw voor iedereen genoeg schoon water is.

In principe is er wel genoeg schoon, zoet water op de wereld voor iedereen. Maar die hoeveelheid schoon water wordt heel snel minder. Watervervuiling is een van de belangrijkste oorzaken.

Een andere oorzaak is het ingrijpen van de mens in de natuur. Regenwouden zijn omgehakt. Rivieren zijn omgelegd. Er zijn dijken en dammen gebouwd en er komen steeds meer stuwmeren. Hierdoor houdt de aarde steeds minder zoet water uit de natuurlijke kringloop vast. De regen stroomt heel snel weer naar zee. Of hij wordt onderweg al opgemaakt. Zoals bij het Aralmeer in Rusland. Het Aralmeer is een groot zoetwatermeer; het wordt gevoed door talrijke rivieren die in het meer uitmonden. De inhoud van dit meer is echter in de afgelopen jaren bijna opgedroogd. Dat komt doordat mensen in de rivieren dammen hebben gebouwd die het water tegenhouden. Het water achter de dammen wordt gebruikt voor de landbouw. Hierdoor stroomt er bijna geen water meer naar het Aralmeer. Het meer droogt dus op. Het beetje water dat er nog instaat, wordt bovendien steeds zouter. Ook dat komt omdat er niet genoeg vers zoet water in het meer stroomt. Al het leven in het meer gaat daardoor dood. In de buurt van het Aralmeer leven 50 miljoen mensen. Veel van hen zullen binnenkort moeten verhuizen. Er is voor hen niet genoeg water en hun land wordt een woestijn.

Maak water in de woestijn

Zonder dat het regent, kun je toch water maken in de woestijn.

Wat heb je nodig:
- een stuk woestijn (een gewoon stuk droge grond mag ook)
- vier grote stenen
- een kiezelsteen
- een schep
- een kommetje
- een plastic zak

Wat je moet doen:
Graaf een klein diep gat in de droge grond. Maak het gat zo groot dat het kommetje erin past en het gat kan worden afgesloten met de plastic zak.
Zet het kommetje midden in het gat en leg nu de plastic zak over het gat. Leg de zak op de hoeken vast met de stenen. Ten slotte leg je in het midden van de zak de kiezelsteen, zodat hij iets doorbuigt.
Laat het nu een nacht liggen en kijk 's ochtends vroeg in het kommetje: er zit nu dauw in die tijdens de nacht ontstaan is.

Warme woestijnen

In woestijnen valt heel weinig regen. Dat komt doordat de lucht er zo warm is. Daardoor zijn er geen wolken. Door de heldere hemel is het overdag verschroeiend warm en 's nachts vrieskoud. Er groeien dan ook bijna geen planten in woestijnen. Eenderde van het land op aarde bestaat uit woestijn. Bij woestijnen denk je vaak aan zand. Maar er zijn ook woestijnen van stenen en rotsen. En ook de poolgebieden zijn woestijnen. Daar valt ook geen regen en er groeit niets.

De warmste en droogste plaats op aarde is Death Valley in Californië in de Verenigde Staten. Er valt bijna nooit regen en de temperatuur kan er wel oplopen tot 60 graden. 's Nachts daalt de temperatuur tot onder het vriespunt. Het is er kurkdroog.

De grootste woestijn ter wereld is de Sahara, in Afrika. De Sahara beslaat bijna een vijfde deel van heel Afrika. Eeuwen geleden was de Sahara oceaan. Als je diep graaft, vind je er nog schelpen. Als je in een woestijn loopt zou je denken dat je het

enige levende wezen bent. Toch is dat niet zo. Woestijndieren en woestijnplanten hebben zich goed aangepast aan het leven in de woestijn. Cactussen zijn echte woestijnplanten. Ze hebben geen bladeren maar naalden. Hierdoor verdampen ze minder water. Ook hebben ze een vettige laag over hun huid. Die laag houdt de verdamping ook tegen. Veel soorten hebben bovendien een laag witte haartjes op hun huid. Door de witte kleur hebben ze minder last van de zonnestralen. Als je goed naar een cactus kijkt, zie je dat ze er bijna allemaal fles- of kopvormig uitzien. Door hun vorm kunnen ze heel veel water vasthouden.
Sommige woestijnplanten hebben hele lange wortels. Daarmee kunnen ze bij het diepe grondwater. Andere hebben weer een heel breed wortelstelsel. Als het dan een heel enkel keertje regent, vangen ze in één keer heel veel water. Er leven ook dieren in de woestijn. De meeste dieren blijven overdag in hun hol. Het is dan veel te warm. Woestijndieren kunnen heel lang zonder eten of drinken. Kamelen en dromedarissen bijvoorbeeld. Die slaan een grote reserve aan water en voedsel op in de vorm van

vet. Dat doen ze in de bulten op hun rug. Het vet in de bult wordt gebruikt als er onderweg niet voldoende water en voedsel te vinden valt. Als het vet wordt gebruikt dan krimpt de bult van een dromedaris. Bij kamelen klappen de twee bulten naar de zijkant als ze leeg zijn. Ze vallen gewoon om. Kamelen en dromedarissen kunnen wel een derde van hun lichaamsvocht verliezen door uitdroging. Jij zou daar onherroepelijk aan doodgaan. Om het verloren vocht weer aan te vullen, kunnen kamelen en dromedarissen 100 liter water in één keer opdrinken. Kamelen en dromedarissen worden al eeuwenlang gebruikt als vervoermiddel in woestijngebieden. Hun bijnaam is dan ook 'het schip van de woestijn'.
De planten en dieren die in de woestijn leven worden ook bedreigd. Het klinkt misschien gek, maar ze worden juist bedreigd door water. In sommige woestijnen wordt namelijk grondwater opgepompt en over het land gesproeid. Op die manier kunnen de mensen in de woestijn landbouw bedrijven. De oorspronkelijke woestijnplanten en -dieren, die gewend zijn aan droogte, komen dan in de knel.

Deltadammen tegen het water

In de nacht van 31 januari 1953 was het spring-vloed. Omdat het toen ook enorm stormde, braken in Zeeland en Zuid-Holland veel dijken door. Het zeewater stroomde het lage land binnen en er vielen duizenden doden. Er verdronken ook veel koeien, schapen en andere dieren. De schade aan huizen en gebouwen was enorm.

Om een herhaling te voorkomen werd op de Zeeuwse en Zuid-Hollandse eilanden begonnen met de Deltawerken. Alle zee-armen tussen de Zeeuwse en Zuid-Hollandse eilanden werden afgesloten. De dijk die zo ontstond was honderden kilometers korter dan alle zeedijken op de eilanden bij elkaar. Alleen de ingangen van de havens van Rotterdam en Antwerpen bleven open voor het scheepsverkeer.

Uiteindelijk werd ook de Oosterschelde niet helemaal afgesloten. Om de natuur in de Oosterschelde te sparen werd er een 'doorlaatbare dam' gebouwd. Als er gevaar is voor een stormvloed, worden er 62 stalen schuiven in de dam dichtgeschoven. Dan is de Oosterscheldedam dicht. Maar normaal staat de dam open en stroomt het zeewater met eb en vloed in en uit. Dat is belangrijk voor de zeldzame dieren- en plantenwereld van de Oosterschelde. Ook de mosselvissers van de Oosterschelde waren tevreden. Door de open dam konden de zoutwater-mossels gewoon in de Oosterschelde blijven groeien.

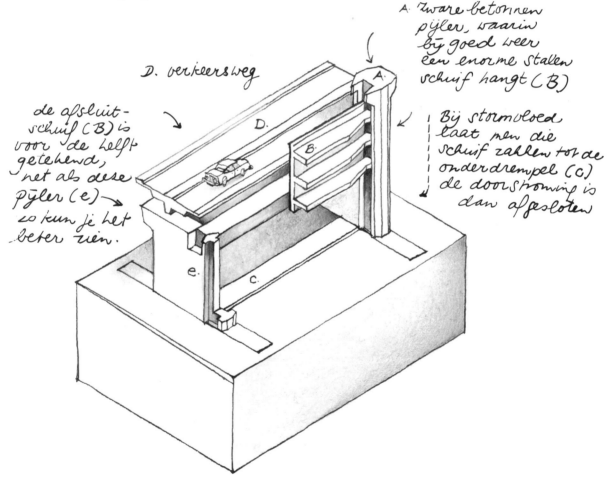

A. zware betonnen pijler, waarin bij goed weer een enorme stalen schuif hangt (B)

D. verkeersweg

de afsluit-schuif (B) is voor de helft getekend, net als deze pijler (e) zo kun je het beter zien.

Bij stormvloed laat men die schuif zakken tot de onderdrempel (C) de doorstroming is dan afgesloten

Wat kun jij doen aan zure regen?

1. Gebruik minder energie.
2. Rij minder met de auto, maar neem de fiets of de trein.
3. Steun verenigingen die de zure regen bestrijden.

Wat kun jij doen om water te besparen?

1. Laat de kraan niet onnodig lopen.
2. Neem een douche in plaats van een bad, en douche niet onnodig lang. Koop een waterbesparende douchekop.
3. Gebruik een toilet met een spoelonderbreking als je hebt geplast.
4. Doe de afwas met de hand.
5. Gebruik je een afwasmachine, zet hem dan helemaal vol.
6. Begiet de planten in de tuin met een gieter en doe dat niet te vaak.
7. Was de auto minder vaak.
8. Denk na voor je water leent van de natuur.

Een milieugroep

Kijk in je buurt, op school of op je sportclub wat je voor de natuur en het milieu kunt doen. Je kunt bijvoorbeeld een milieugroep op school oprichten. Die milieugroep kan dan een conferentie houden over een bepaald onderwerp dat jullie belangrijk vinden voor de natuur of het milieu. Ook kan die groep een (water)project in de Derde Wereld adopteren. Je kunt ook lid worden van een natuurclub. Kijk in het telefoonboek, of achterin dit boek voor een vereniging bij jou in de buurt.

Watersnood 1995/1996

In de winter van 1995/1996 was er opnieuw een watersnood. Die watersnood kwam echter niet door de zee, maar door de rivieren. Het had die winter ontzettend veel geregend. Wel twee keer zoveel als normaal. Toen ook de sneeuw in de Alpen begon te smelten, stond een groot deel van Europa algauw onder water.

De Maas en Rijn groeiden van rustige rivieren uit tot enorme waterstromen. In Frankrijk, Duitsland, België en Nederland liepen dorpen en steden onder water. In ons land moesten veel mensen hun huizen verlaten. De regering was bang dat als de dijken zouden breken er mensen zouden verdrinken. Met man en macht werd er gewerkt om de dijken van de Maas en de Rijn met zandzakken te verhogen en sterker te maken. De dijken hebben het daardoor gehouden, maar het scheelde niet veel of de dijken waren doorgebroken en grote stukken land en steden zouden onder water hebben gestaan.

Direct na deze bijna-ramp werd begonnen met het verhogen en versterken van de rivierdijken. Toch is het niet zeker dat de rivieren in de toekomst binnen die dijken zullen blijven. Het regent tegenwoordig meer dan vroeger. Dat komt doordat de aarde warmer wordt. En dat komt voor een groot deel door de milieuvervuiling. Daarom is het zo belangrijk dat er iets aan die milieuvervuiling wordt gedaan.

Register

Adressen

In Nederland kun je hulp krijgen voor een milieu-groep op school bij:
Landelijk Service Buro Ontwikkelingseducatie
Postbus 1548
1000 BM Amsterdam
tel. 020-6204815

In Vlaanderen bij:
Nationaal Centrum voor Ontwikkelingssamenwerking, Mundiale Vorming
Vlasfabriekstraat 11
1060 Brussel (België)
tel. 0032-25392620

Bezoekerscentra langs de zeekust:
Nationaal Park Schiermonnikoog
Torenstreek 20
9166 ZP Schiermonnikoog
tel. 0519-531641

Natuurcentrum Ameland
Strandweg 38
9163 GN Nes, Ameland
tel. 0519-542737

Centrum voor Natuur en Landschap
Burg. Reedekerstraat 11
8881 BZ West-Terschelling
tel. 0562-442390

De Noordwester, Vlielands Centrum voor Informatie en Educatie
Dorpsstraat 150
8899 AN Vlieland
tel. 0562-451700

EcoMare, Centrum voor wadden en Noordzee
Ruyslaan 92
1796 AZ De Koog, Texel
tel. 0222-317741

Centrum voor Recreatie en Educatie Expozee
Strandweg 1
9976 VS Lauwersoog
tel. 0519-349045

Bezoekerscentrum Het Zandspoor
Oorsprongweg 1
1871 HA Schoorl
tel. 072-5093352

Informatiecentrum De Hoep
Johannisweg 2
1901 NX Castricum
tel. 0800-7966288

De Kennemerduinen
Tetterodeweg 25
2051 KB Overveen
tel. 023-5411123

Bezoekerscentrum De Oranjekom
1e Leyweg 4
2114 BH Vogelenzang
tel. 023-5246781

Bezoekerscentrum Meijendel
Meijendelseweg 40
2243 GN Wassenaar
tel. 070-5117276

Bezoekerscentrum Tenellaplas
Duinstraat 12a
3235 NK Rockanje
tel. 0181-483909

Waterland Neeltje Jans
Postbus 19
4328 ZG Burgh-Haamstede
tel. 0111-652702

Andere bezoekerscentra:
Bezoekerscentrum
De Grote Rivieren
Langestraat 38
6624 AB Heerewaarden
tel. 0487-572831

Bezoekerscentrum
De Hollandse Biesbosch
Baanhoekweg 53
3313 LP Dordrecht
tel. 078-6211311

Biesbosch Informatiecentrum
Biesboscheweg 4
4924 BB Drimmelen
tel. 0162-682233

Zeeuws Biologisch Museum
Duinvlietweg 6
4356 ND Oostkapelle
tel. 0118-582620

Adressen van jeugdorganisaties
voor natuur- en milieubescher-
ming:
JNM, Jeugdbond voor Natuur- en
Milieustudie
Oudegracht 42
3511 AR Utrecht
tel. 030-2368925

NJN, Nederlandse Jeugdbond
voor Natuurstudie
Noordereinde 60
1243 JJ 's-Graveland
tel. 035-6559848

JNM, Jeugdbond voor natuurstudie en milieubescherming
Kortrijksepoortstraat 140
B-9000 Gent (België)
tel. 0032-92234781

Natuur 2000
Bervoetstraat 33
2000 Antwerpen (België)
tel. 0032-32312604

Handige adressen voor extra
informatie:
Greenpeace
Keizersgracht 174
1016 DW Amsterdam
tel. 020-6261877

IVN Vereniging voor natuur-
en milieueducatie
Postbus 20123
1000 HC Amsterdam
tel. 020-6228115

De Milieutelefoon
tel. 020-6262620
(ma t/m vr 9.00-14.00 uur)

NOVIB
Mauritskade 9
2514 HD Den Haag
tel. 070-3421621

Stichting Reinwater
Vossiusstraat 20 II
1071 AD Amsterdam
tel. 020-6719322

Vereniging tot Behoud van het
IJsselmeer
Postbus 1
1135 ZG Edam
tel. 0299-371351

Waddenvereniging
Postbus 90
8860 AB Harlingen
tel. 0517-415541

Wereld Natuur Fonds Rangers
Postbus 7
3700 AA Zeist
tel. 030-6937323

Belgische Bond Beter Leefmilieu
Overwinningsstraat 26
1060 Brussel (België)
tel. 0032-2507760